szkoła podstawowa

4

Barbara K
Janina Sokołowska
Maria M. Wilczyńska-Wołoszyn

PRZYRODA

Podręcznik
dla uczniów klasy 4
szkoły podstawowej

Warszawa 2000

Wydawnictwo Edukacyjne Zofii Dobkowskiej

Projekt okładki i strony tytułowej
Marta i Łukasz Dziubalscy

Redaktor
Grażyna Grusznic

Redaktor techniczny
Alicja Wdowiak

Ilustracje
Kamila Guzal, Ewa Krzywańska

Fotografie
EAST NEWS, GLOB 4, PARMA PRESS, SUPERSTOCK, ZOOM/**A. Belica, J. Baranowski, M. Czasnojć, L. Dwornik, T. Gil, B. Klimuszko, P. Krassowski, Z. Krośkiewicz, E. Krzywańska, M. Kubisa, B. Lemisiewicz, Z. Nawara, E. Niemiec, M. Ostrowski, M. Pawłowicz, W. Pawłowski, P. Pierściński, J. Sokołowski, J. Staniszewska, W. Stasiak, Z. Świątek, M.M. Wilczyńska-Wołoszyn, J. Zawitkowski, L. Zielaskowski**

Mapy
Tomasz Nowacki, Lech Śniadkowski. Mapa na str. 91 — za zgodą **Głównego Geodety Kraju**

Podręcznik dopuszczony do użytku szkolnego przez ministra właściwego do spraw oświaty i wychowania i wpisany do wykazu podręczników szkolnych przeznaczonych do kształcenia ogólnego do nauczania przyrody na poziomie klasy IV szkoły podstawowej na podstawie recenzji rzeczoznawców: dr. Tadeusza Domańskiego, dr Marii Pedryc-Wrony, dr. hab. Tadeusza Pniewskiego, prof. dr hab. Marii Pulinowej i dr Anny Cegieły.
Numer w wykazie: 179/99.

Konsultacja treści chemicznych — mgr **Bożena Kałuża**
treści fizycznych — mgr **Elżbieta Kawecka**.

Skład, montaż i naświetlanie
BETA, Warszawa, ul. Stawki 14

Druk i oprawa
Drukarnia offsetowa FIRET-DRUK, Łódź

ŻAK WYDAWNICTWO EDUKACYJNE
ZOFII DOBKOWSKIEJ
ul. Żelazna 54, 00-852 Warszawa

ISBN 83-86961-08-2

SPIS TREŚCI

1. POZNAJEMY NASZE ŚRODOWISKO

PRZYRODA WOKÓŁ NAS

Wszystko, co nas otacza — to właśnie przyroda, której my — ludzie — jesteśmy nieodłączną częścią. Spójrz dookoła siebie. Jakie pytania przychodzą Ci na myśl?

Ryc. 1. Piękna nasza Polska cała.

Stań nad rzeką lub jeziorem. Czy wiesz, skąd się bierze woda w rzece? Dokąd płynie? Jakie rośliny i jakie zwierzęta żyją w jeziorze? Do czego człowiek potrzebuje wody? Jak zachować czystość wód?

Spójrz w niebo: Dlaczego zmienia się pogoda? Jaki wpływ na życie roślin ma pogoda w różnych porach roku, a jaki na pracę i życie człowieka?

Spójrz pod nogi. Czy nie zastanawiasz się: Jak się nazywają skały, które spotykasz? Dlaczego w jednych miejscach rosną bujne lasy, a w innych nie? Dlaczego człowiek musi dbać o przyrodę?

Na te pytania starają się znaleźć odpowiedź geografowie, biolodzy, chemicy, fizycy, pracujący w terenie, w laboratoriach, za pomocą satelitów. Na wiele z nich uzyskasz odpowiedź, ucząc się przyrody.

SPOSOBY POZNAWANIA PRZYRODY

Jeśli i Ty chcesz dobrze poznać przyrodę, musisz być dobrym obserwatorem. W swoich badaniach powinieneś posługiwać się wszystkimi **zmysłami: wzroku, słuchu, węchu, dotyku i smaku** (ryc. 2–6). W ten sposób Twoja wiedza będzie pełniejsza.

*Ryc. 2. Najwięcej wiadomości o otaczającym nas środowisku dostarcza nam **wzrok**. Dzięki naszym oczom rozróżniamy kształty, kolory, wielkości, odległości i dostrzegamy piękno*

*Ryc. 3. **Słuch.** Uszy dostarczają nam wrażeń dźwiękowych. Słyszymy np. śpiew ptaków, pluskanie wody, szelest liści, muzykę, hałas ulicy, grzmot podczas burzy*

*Ryc. 4. Dzięki językowi rozpoznajemy **smak** spożywanych potraw: słodki, kwaśny, słony, gorzki*

*Ryc. 5. **Węch** służy nam do rozpoznawania zapachów. Nos umożliwia nam odczuwanie przyjemnego zapachu lasu, skoszonej łąki, ale także przykrego zapachu ścieków i spalin*

*Ryc. 6. **Dotyk** odbieramy poprzez skórę. Opuszkami palców możemy rozpoznać kształt przedmiotu oraz czy jest gładki czy szorstki, ciepły czy zimny*

W obserwacjach mogą Ci pomóc różne **przyrządy** oraz książki, np. przewodniki do rozpoznawania roślin, zwierząt, skał i minerałów (ryc. 9). Zebrane podczas lekcji w terenie obserwacje i wrażenia warto jest w jakiś sposób utrwalić (ryc. 10, 11, 12). Możesz poznane rośliny i zwierzęta lub cały krajobraz narysować albo zrobić zdjęcie.

Ryc. 7. Przez lornetkę możesz dokładniej obejrzeć np. szybującego wysoko bociana, położone w oddali ruiny zamku, pasącą się sarnę

Ryc. 8. Lupa pozwoli Ci obejrzeć w szczegółach to, co trudno dostrzec gołym okiem, np. budowę drobnego kwiatu, pracującą mrówkę, ziarna piasku

Ryc. 9. W terenie bardzo przydatne są przewodniki do rozpoznawania np. roślin, zwierząt, grzybów, skał i minerałów

Ryc. 10. Możesz nagrać śpiew ptaków lub odgłosy ulicy na taśmie magnetofonowej

Ryc. 11. Możesz wykonać zielnik z roślinami, które rosną w Twojej okolicy

Ryc. 12. Możesz opracować kolekcję skał występujących w Twoim regionie

Zadanie 1. Otwórz okno w klasie i zamknij oczy. Wsłuchaj się w dźwięki dochodzące z zewnątrz i rozpoznaj je.

Zadanie 2. Popatrz przez otwarte okno na niebo i sprawdź, jaka jest pogoda.

Zadanie 3. Rozpoznaj drzewa rosnące wokół Twojej szkoły.

Samodzielnie wykonane obserwacje, a niekiedy doświadczenia, bardzo pomagają w uczeniu się przyrody. Uczniowie pewnej klasy czwartej byli na wycieczce w lesie. Każdy z nich miał zanotować to, co sam zaobserwował. A oto fragmenty opisów dwóch osób:

I. ...w lesie widziałem 2 wiewiórki, słyszałem dzięcioła, oglądałem mrowisko, znalazłem 3 muchomory i jednego „psiego" grzyba. W lesie rosły choinki, brzozy i jeszcze 3 inne drzewa, a także krzewy...

II. ... w lesie dwa razy spotkałem wiewiórkę i jestem pewien, że to ta sama, bo miała jedno ucho postrzępione. Na dębie dzięcioł kuł dziuplę. Mrowisko, które oglądałem, miało 40 cm wysokości i prawie metr średnicy. Widziałem, jak robotnice wciągały do środka martwego konika polnego. Drzewa, które rosły w lesie, to: liściaste — dąb, brzoza, jarzębina, a iglaste — świerk i modrzew. Widziałem świerszcza siedzącego w swojej norce i przycupniętą na kamieniu jaszczurkę. Oprócz muchomorów czerwonych i olszówek znalazłem na polanie 2 kurki i pod świerkiem małego podgrzybka...

Jak myślisz, który z opisów świadczy o tym, że jego autor ma cechy dobrego obserwatora przyrody, czyli jest spostrzegawczy i dokładny?

Ryc. 13. Jeśli podczas obserwacji posługujesz się lupą i atlasem grzybów, to zdobywasz umiejętności dobrego i wnikliwego badacza

Jak zrobić zielnik?

1. Do zielnika zbiera się okazy, np. liście, w całości. Dobieramy po kilka ładnych okazów. *Uwaga! Unikamy zbierania liści mokrych, bo schną powoli i łatwo czernieją.*

2. Zebrane okazy suszy się w gazetach lub arkuszach bibuły. Pomiędzy gazety z okazami dodaje się dodatkową warstwę gazet, które będą wchłaniać wilgoć.

3. Tak zabezpieczone okazy umieszcza się między książkami lub w zawiązywanych praskach z dykty albo tektury. *Uwaga! Praskę należy codziennie rozwiązać i wymienić wilgotne gazety na suche.*

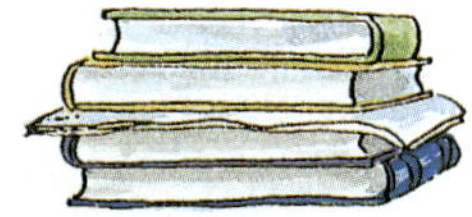

4. Przy rozpoznawaniu i oznaczaniu okazów skorzystaj ze specjalnych przewodników.

5. Po wysuszeniu, okaz przymocowuje się do arkusza zielnika taśmą klejącą.
6. Każdy okaz w zielniku opisuje się, podając:
   — nazwę rośliny,
   — miejsce, w którym rosła,
   — inne dane, na przykład: chwast, roślina uprawna, drzewo, krzew,
   — datę zbioru.

PRZEDSTAWIAMY KRAJOBRAZ NAJBLIŻSZEJ OKOLICY

Najbliższa okolica Twojego domu lub szkoły jest świetnym miejscem do obserwacji i badań przyrody. Dzięki nim możesz poznać i wyjaśnić wiele ciekawych zjawisk z otaczającego świata. Rozejrzyj się wokół siebie. Spróbuj przedstawić za pomocą ilustracji to, co Cię otacza, czyli krajobraz okolicy. Pomogą Ci w tym zamieszczone rysunki.

Krajobraz – to zespół typowych cech danego terenu. Rozróżniamy krajobraz naturalny i krajobraz przekształcony przez człowieka. Do elementów **krajobrazu naturalnego** zaliczamy: ukształtowanie powierzchni, pogodę i klimat, skały budujące podłoże, gleby, wody i roślinność.

Ryc. 14. Elementy krajobrazu naturalnego

Elementami **krajobrazu przekształconego przez człowieka** są na przykład: osiedla, drogi, stawy, tereny rolnicze, tereny przemysłowe.

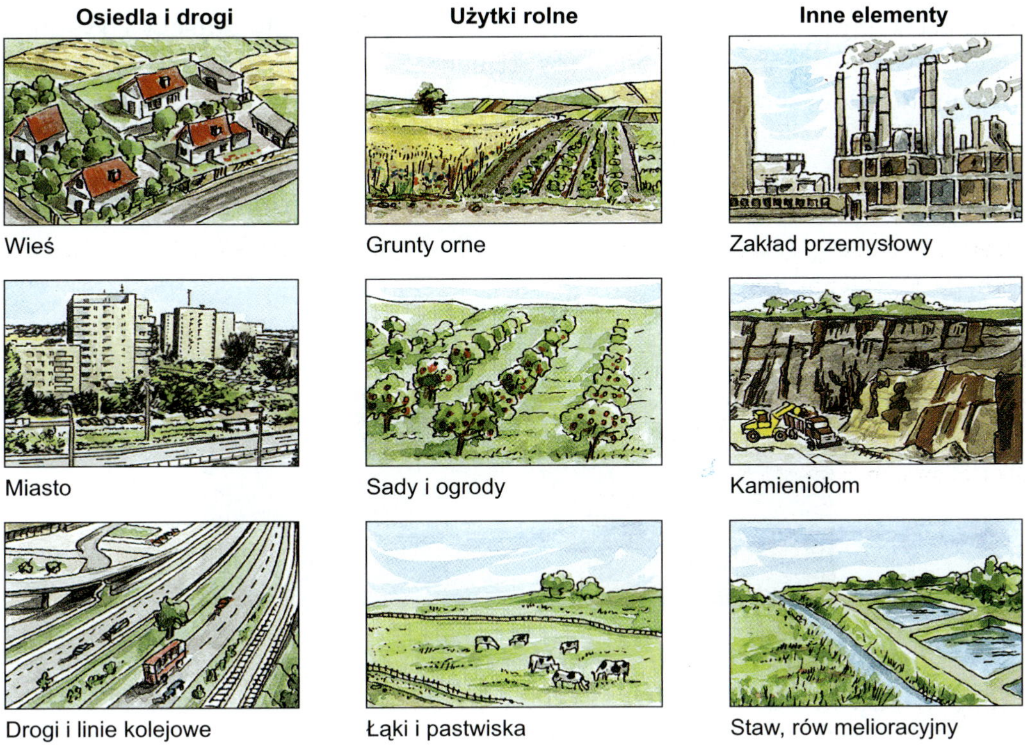

Ryc. 15. Elementy krajobrazu przekształconego przez człowieka

Jak opisać krajobraz okolicy szkoły?

1. We wstępie podaj nazwę miejscowości (osiedla), w której znajduje się szkoła, i opisz jej położenie.
2. W opisie krajobrazu uwzględnij cechy najbliższego otoczenia szkoły. Użyj poznanych terminów odnoszących się do elementów krajobrazu (ryc. 14 i ryc. 15).
3. W zakończeniu napisz, co Ci się podoba w Twojej miejscowości, a co chciałbyś zmienić.

Zadanie 4. Opisz krajobraz okolicy Twojej szkoły. Posłuż się wzorem pracy wykonanej przez uczniów klas czwartych szkoły podstawowej w Warszawie.

Zadanie 5. Wykonaj gazetkę ścienną, przedstawiającą najważniejsze cechy krajobrazu okolicy szkoły. Możesz wykorzystać zdjęcia, widokówki, mapy lub plany, własne rysunki itp.

Dzieci z klasy 4 podczas lekcji w terenie wykonywały zdjęcia i rysunki, malowały mapy, opisywały oglądany krajobraz. Część z opracowanych przez nich materiałów została tu przedstawiona.

Ryc. 16. Strumień nazwany Potokiem Służewieckim ma długość 10 km i uchodzi do Jeziora Wilanowskiego. Zdjęcie wykonano we wrześniu (lato). W dolinie strumienia jest wilgotno. Rośnie tam trawa, trzcina i pałka wodna. Kępa drzew w głębi składa się z wierzb i topoli. Wokół widać było wrony i wróble. Po wodzie pływały kaczki krzyżówki. Woda w strumieniu jest mętna – zanieczyszczona ściekami. (fot. M. Ostrogorski, kl. IVa)

Ryc. 17. Resztki zabudowań dawnej wsi Służew na tle osiedla mieszkaniowego. Zdjęcie wykonano w październiku (jesień). Na pierwszym planie pożółkłe trzciny nad strumieniem, dalej zżółkłe trawy i resztki dawnego sadu. Z drzew już częściowo opadły liście. (fot. J. Kozińska, kl. IVa)

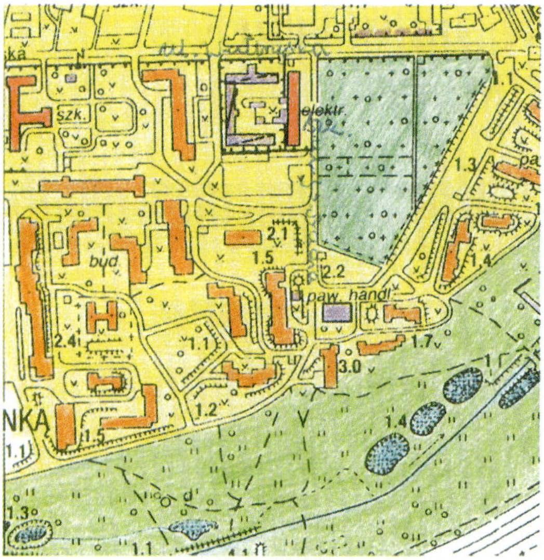

Skala 1 : 10 000

Ryc. 18. Krajobraz okolicy Niepublicznej Szkoły Podstawowej nr 49 w Warszawie

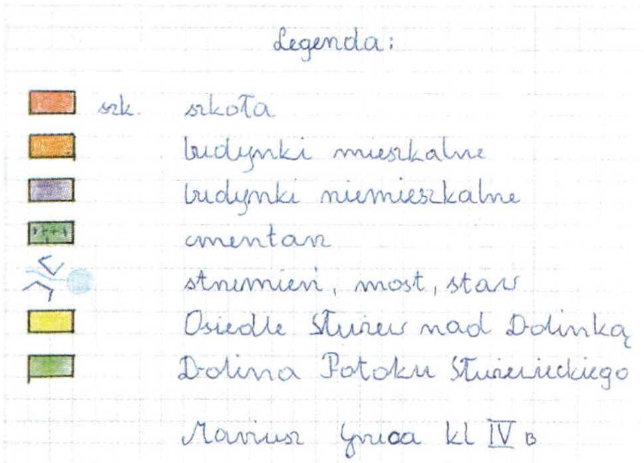

1. Położenie i ogólne cechy.	Moja szkoła znajduje się w Warszawie, w dzielnicy Mokotów, na osiedlu Służew nad Dolinką. Nazwy Mokotów i Służew są nazwami dawnych wsi. Krajobraz okolicy szkoły jest równinny, urozmaicony tylko doliną strumienia.
2. Krajobraz znacznie przekształcony przez człowieka — osiedle mieszkaniowe.	Wokół naszej szkoły jest osiedle miejskie. Jest to teren bardzo przekształcony przez człowieka. Są tu wielopiętrowe budynki otoczone zieleńcami, gdzieniegdzie są place zabaw. W kilku budynkach są różnego rodzaju punkty usługowe, takie jak przychodnia dentystyczna, sklep spożywczy, kwiaciarnia, księgarnia. Między budynkami są małe uliczki osiedlowe. Między blokami są niewielkie parkingi. Naprzeciwko szkoły w kierunku wschodnim rozciąga się cmentarz.
3. Krajobraz słabo przekształcony — dolina strumienia.	Na południowy wschód od szkoły, w odległości około 600 m, znajduje się dolina Potoku Służewieckiego. Jest ona słabo przekształcona przez człowieka. Jej szerokość wynosi około 500 m. Dnem doliny płynie strumień. Jest on uregulowany. Znajdują się tam też stawy, wokół których rośnie trzcina.
4. Czy podoba Ci się okolica Twojej szkoły?	Najbliższa okolica szkoły podoba mi się. Mimo że przeważają tu bloki, to z roku na rok jest coraz więcej zieleni. Tylko widok cmentarza z okien szkoły jest smutny. Wolałabym, aby w tym miejscu był park.

Opis na podstawie prac Joanny Erbel i Joanny Kozińskiej z klasy IVa.

2. JAK ORIENTOWAĆ SIĘ W TERENIE I CZYTAĆ MAPĘ?

OBSERWACJE WIDNOKRĘGU

Ryc. 19. Część widnokręgu obserwowana nad morzem na płaskim terenie, z poziomu wzroku ucznia (1,5 m), znajduje się mniej więcej w odległości 4,5 km

Ryc. 20. Część widnokręgu obserwowana z siódmego piętra budynku w Warszawie. Z tej wysokości (około 25 m) najdalsze obiekty, które możemy dostrzec, są odległe o prawie 20 km

Gdy w słoneczny dzień spojrzymy gdzieś daleko przed siebie, wydaje się nam, że niebo styka się z Ziemią, tworząc wokół nas krąg (ryc. 21). **Linię pozornego styku nieba z Ziemią nazywamy widnokręgiem.**

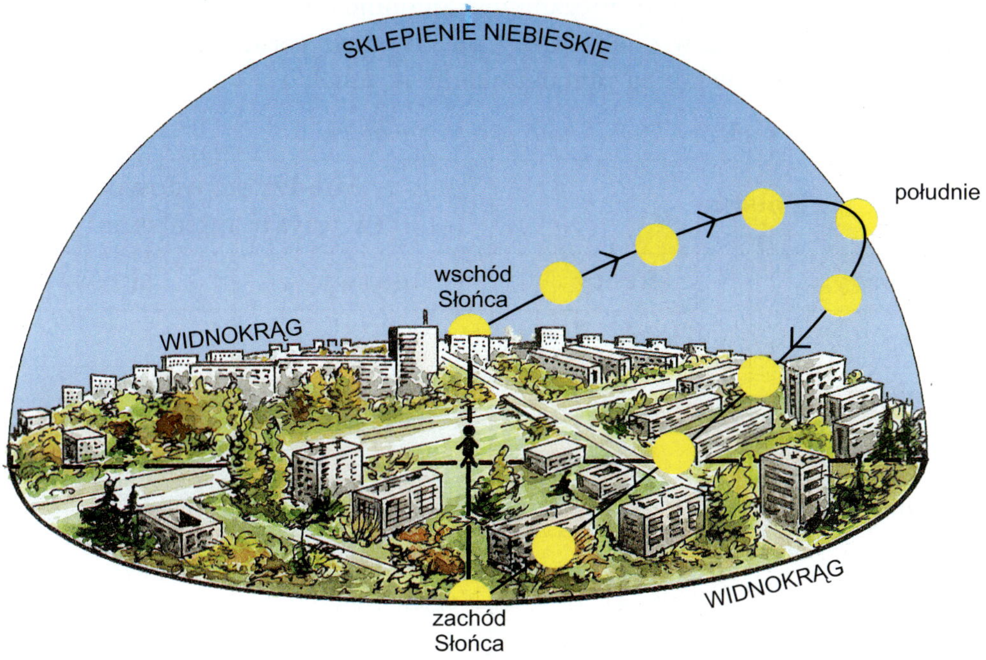

Ryc. 21. Rysunek przedstawia widnokrąg i „wędrujące" nad nim po niebie Słońce. Podobne zjawisko możesz zaobserwować w swoim otoczeniu. Na ***wschodzie*** *zauważysz wyłaniające się zza widnokręgu Słońce, które stopniowo wznosi się coraz wyżej. W* ***południe*** *osiąga najwyższe położenie, a później stopniowo obniża się i w końcu następuje* ***zachód Słońca***

Im wyżej położone jest miejsce obserwacji, tym rozleglejszy mamy widok i tym dalej sięga nasz widnokrąg (ryc. 19, 20). Z tarasu widokowego na trzydziestym piętrze Pałacu Kultury i Nauki w Warszawie możemy oglądać widnokrąg z wysokości około 115 m. Przy pięknej pogodzie roztacza się przed nami widok na odległość około 40 km.

Zadanie 6. Z jakiej wysokości możesz obserwować widnokrąg z okien Twojej klasy?

Zadanie 7. Gdzie w Twojej miejscowości znajduje się miejsce, z którego można zobaczyć najrozleglejszy widok?

WIDNOKRĄG I KIERUNKI GEOGRAFICZNE

Do orientowania się w terenie nie wystarczają takie określenia, jak: na lewo, na prawo, z przodu, z tyłu. Konieczna jest znajomość **kierunków geograficznych.** Nazwy kierunków i ich skróty polskie oraz coraz częściej stosowane nazwy i skróty angielskie są przedstawione w tabeli 1.

Tabela 1. Nazwy i skróty kierunków geograficznych

Polskie		Międzynarodowe (w języku angielskim)	
nazwy	**skróty**	**nazwy**	**skróty**
północny	pn.	North	N
południowy	pd.	South	S
wschodni	wsch.	East	E
zachodni	zach.	West	W
północno-wschodni	pn.-wsch.	North-East	NE
północno-zachodni	pn.-zach.	North-West	NW
południowo-wschodni	pd.-wsch.	South-East	SE
południowo-zachodni	pd.-zach.	South-West	SW

Zadanie 8. Zapamiętaj polskie nazwy kierunków oraz ich skróty polskie i międzynarodowe.

Słońce w ciągu dnia i gwiazdy w nocy od niepamiętnych czasów służyły ludziom do orientowania się w terenie. **W dzień Słońce w południe** wskazuje kierunek południowy (ryc. 22), a **w nocy Gwiazda Polarna** wskazuje kierunek północny (ryc. 23 i 26).

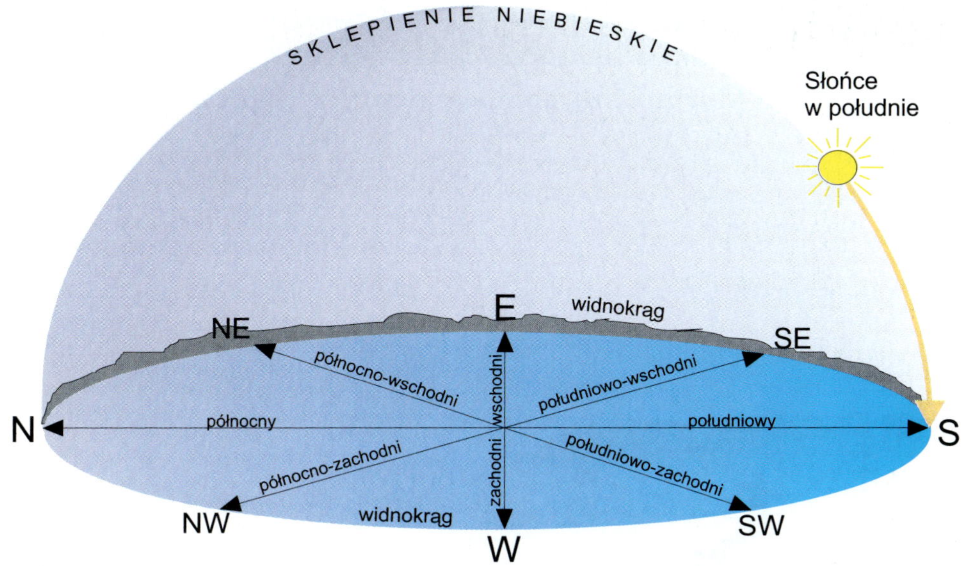

Ryc. 22. Kierunki geograficzne na widnokręgu. Słońce w południe wskazuje kierunek południowy

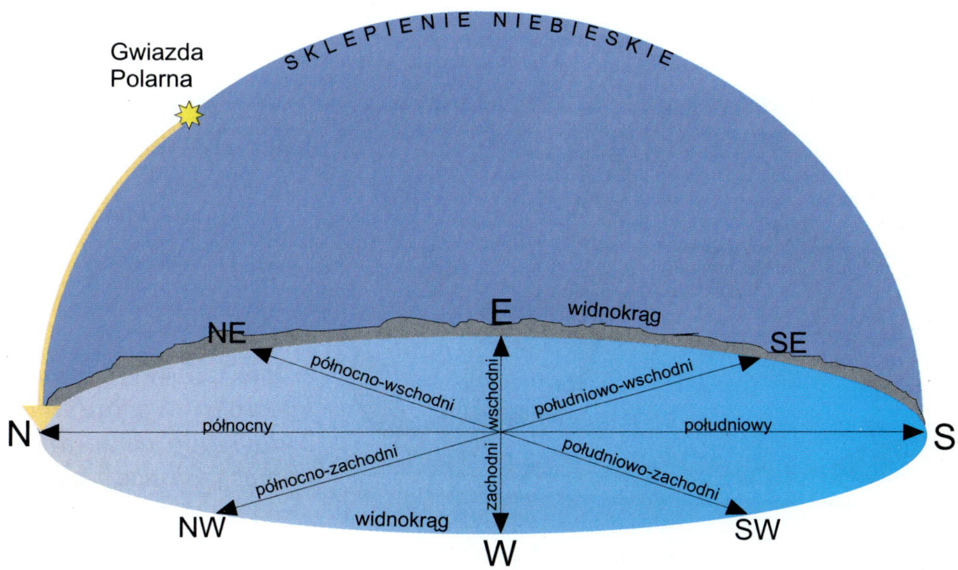

Ryc. 23. W nocy. Gwiazda Polarna wskazuje kierunek północny

Zadanie 9. Zapamiętaj, z której strony w Twojej klasie znajduje się Słońce w południe.

Zadanie 10. Zapamiętaj, z której strony w Twoim domu znajduje się Słońce w południe.

WYZNACZANIE KIERUNKÓW W TERENIE

Jak wyznaczyć kierunki za pomocą cienia w południe słoneczne?

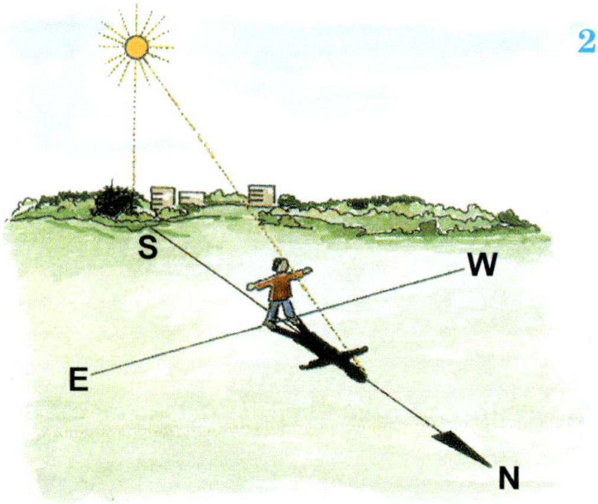

1. Jeśli staniesz w południe słoneczne plecami do Słońca, to **Twój cień wskaże kierunek północny.**
2. Za plecami będziesz miał kierunek południowy. Po Twojej prawej ręce będzie kierunek wschodni, a po lewej kierunek zachodni.

Ryc. 24. Wyznaczanie kierunku północnego za pomocą cienia w południe słoneczne

Jak wyznaczyć kierunki za pomocą Słońca i zegarka?

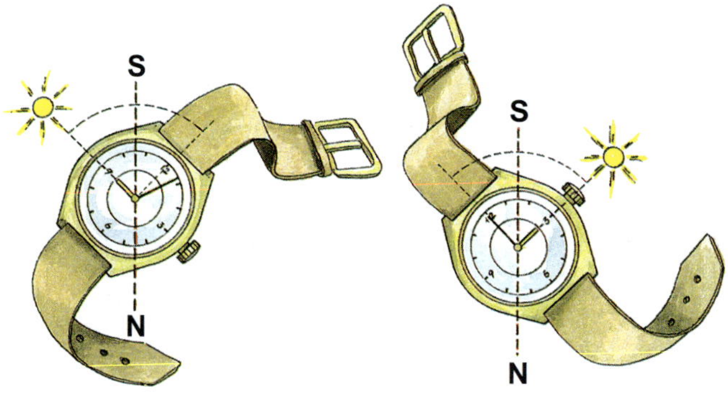

Ryc. 25. Wyznaczanie kierunku południowego o dowolnej porze dnia za pomocą Słońca i zegarka

1. O dowolnej porze słonecznego dnia skieruj wskazówkę godzinową zegarka na Słońce.
2. Kąt między wskazówką godzinową i godz. 12.00 podziel na pół. **Wyznaczona linia wskaże Ci kierunek południowy.**
3. Po przeciwnej stronie będziesz miał kierunek północny.

Jak wyznaczyć kierunek północny za pomocą Gwiazdy Polarnej?

1. W pogodną noc odszukaj na niebie gwiazdozbiór Wielkiego Wozu.
2. W wyobraźni przedłuż jego „tylną oś” pięć razy. W tym miejscu zobaczysz jasną gwiazdę. Jest to Gwiazda Polarna, znajdująca się na końcu „dyszla” gwiazdozbioru Małego Wozu.
3. **Kierunek północny będzie pod Gwiazdą Polarną.**

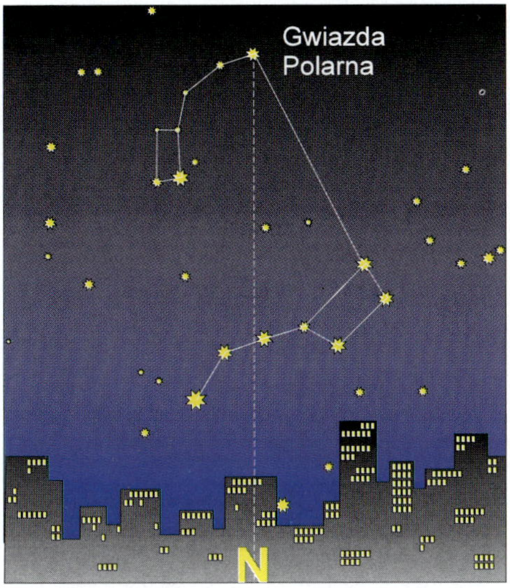

Ryc. 26. Gwiazda Polarna nie zmienia swojego położenia na niebie i o dowolnej porze pogodnej nocy może posłużyć do wyznaczenia kierunku północnego

Zadanie 11. Wyznacz kierunki w terenie w ciągu dnia według wcześniej podanych sposobów. Możesz skorzystać z pomocy Nauczyciela.

Zadanie 12. W pogodną noc odszukaj na niebie gwiazdozbiory Wielkiego i Małego Wozu, i za pomocą Gwiazdy Polarnej wyznacz kierunek północny. Możesz skorzystać z pomocy Nauczyciela lub Rodziców.

Zadanie 13. W którym kierunku od szkoły znajduje się Twój dom?

Zadanie 14. W którym kierunku od szkoły znajduje się najbliższa rzeka lub jezioro?

SIŁY MAGNETYCZNE ZIEMI. WYZNACZANIE KIERUNKÓW ZA POMOCĄ KOMPASU

Słońce i gwiazdy ułatwiają nam orientację w terenie tylko przy pogodnym niebie. Ale co zrobić, gdy niebo jest zasnute chmurami? Długo zastanawiano się, jak temu zaradzić, aż wynaleziono przyrząd, w którym wykorzystano niezwykłe właściwości magnesu. Sprawdź właściwości magnesu w doświadczeniach.

Doświadczenie nr 1

Przebieg doświadczenia *(ryc. 27 i 28)*:

1. Przygotuj przyrządy: magnes, linijkę plastikową, szklaną rurkę, kilka gwoździ, drewnianych wykałaczek i szpilek krawieckich.
2. Zbadaj, które z przedmiotów użytych w doświadczeniu są przyciągane przez magnes.

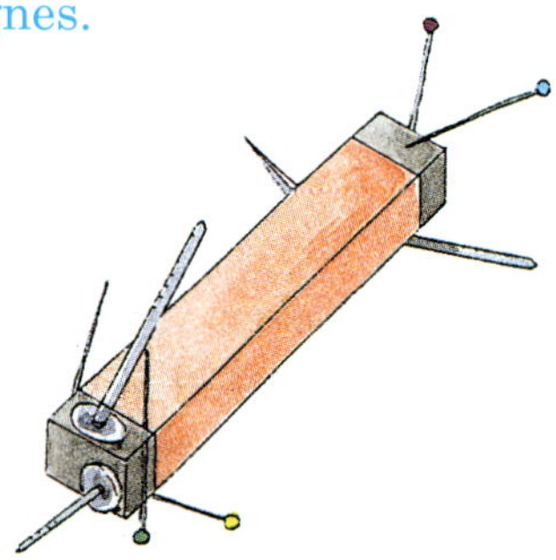

Ryc. 27. Magnes przyciąga przedmioty z żelaza

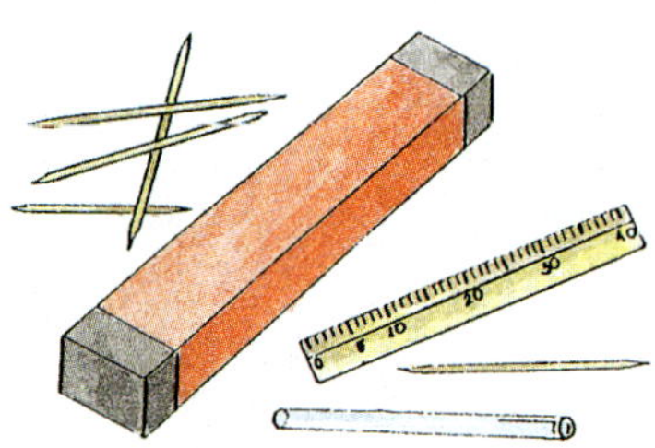

Ryc. 28. Magnes nie przyciąga innych ciał

Obserwacje:

Magnes przyciąga przedmioty żelazne (ryc. 27), a nie przyciąga drewna, szkła i plastiku (ryc. 28).

Doświadczenie nr 2

Przebieg doświadczenia *(ryc. 29)*:

1. Przygotuj magnes, igłę krawiecką, cienki plasterek korka, spodeczek wypełniony do połowy wodą.
2. Potrzyj kilkakrotnie magnesem jeden koniec igły. W ten sposób igła została namagnesowana i stała się również magnesem. Odłóż magnes daleko od miejsca doświadczenia.
3. Wbij igłę w plasterek korka, tak jak na rysunku.
4. Połóż na wodzie korek z igłą i poczekaj, aż przestanie się poruszać.
5. Obróć korek tak, aby koniec igły wskazywał inny kierunek. Poczekaj, aż przestanie się poruszać. Zrób to kilkakrotnie.

Obserwacje i wnioski:

Swobodnie obracająca się **namagnesowana igła** ustawia się zawsze w tym samym kierunku (ryc. 29). Dzieje się tak dlatego, że Ziemia jest wielkim magnesem.

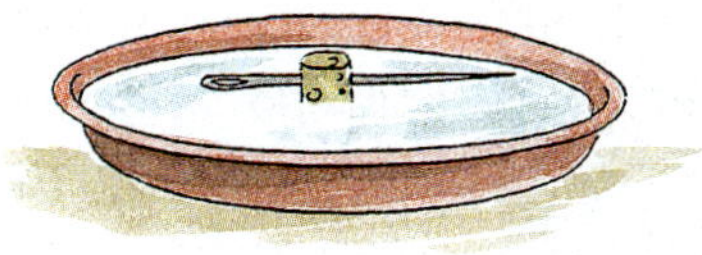

Ryc. 29. Pływająca, namagnesowana igła ustawia się zawsze w tym samym kierunku. Jeśli do namagnesowanej igły zbliżysz magnes, to będzie on jednym końcem przyciągał igłę, a drugim odpychał ją

Właściwości magnetyczne Ziemi i magnesu wykorzystano do budowy **kompasu** – przyrządu do wyznaczania kierunków w terenie (ryc. 30).

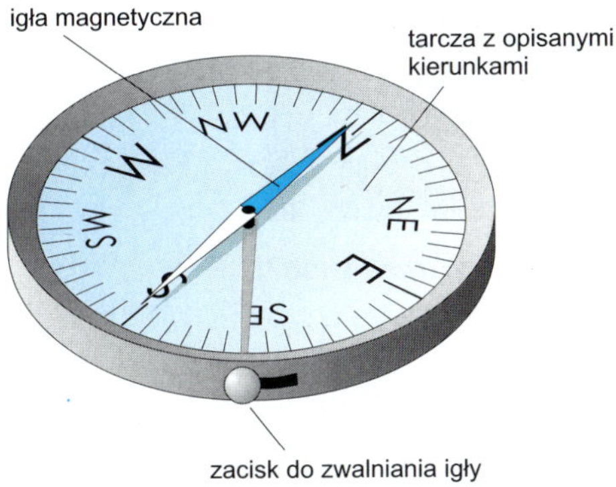

Ryc. 30. Budowa kompasu

Jak wyznaczamy kierunki za pomocą kompasu?

1. Sprawdź, czy w pobliżu nie ma magnesów i przedmiotów żelaznych, które mogłyby zakłócić działanie kompasu.
2. Ułóż kompas poziomo i zwolnij zacisk igły magnetycznej, aby mogła poruszać się swobodnie. Kierunek, który wskazuje oznaczona strona igły magnetycznej (najczęściej zamalowana na czerwono lub niebiesko) – to **kierunek północny**. Przeciwny koniec igły wskazuje kierunek południowy.
3. Obróć się wraz z kompasem tak, aby oznaczona strona igły magnetycznej pokryła się z kierunkiem północnym (N), zaznaczonym na tarczy kompasu. Zorientowany w ten sposób kompas wskazuje pozostałe kierunki.

Zadanie 15. Wyznacz za pomocą kompasu i zapamiętaj kierunki geograficzne w Twojej klasie.

Zadanie 16. Wyznacz kierunki geograficzne na boisku szkolnym. Zapisz, co się znajduje w kierunku północnym od szkoły, co w kierunku południowym, co we wschodnim, a co w zachodnim.

FOTOGRAFIA A PLAN

Z tego zdjęcia można odczytać przede wszystkim położenie Starego Miasta nad Wisłą, układ domów, ulic i zieleni.

Ryc. 31. Zdjęcie lotnicze Starego Miasta w Warszawie

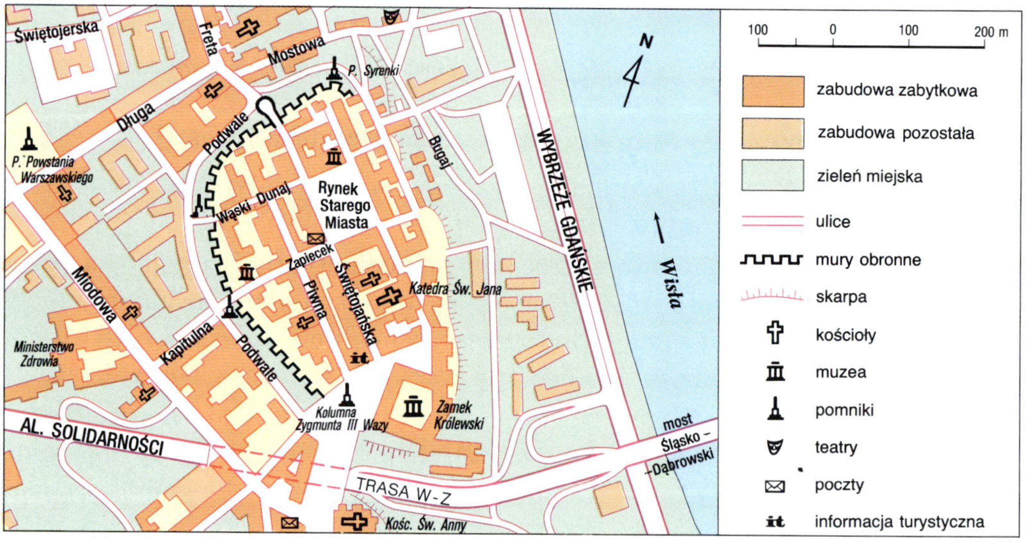

Ryc. 32. Plan Starego Miasta w Warszawie

Z tego planu można ponadto odczytać, w którym kierunku płynie Wisła, na którym brzegu rzeki leży Stare Miasto, nazwy ulic, obiekty zabytkowe, użytkowe itp.

Plany i mapy są obrazami kartograficznymi, czyli obrazami Ziemi, wykonanymi w widoku z góry i w zmniejszeniu. **Plany** rysujemy dla niewielkiego terenu, natomiast **mapy** mogą obejmować całą powierzchnię Ziemi lub jej znaczne części. Plany i mapy służą nie tylko geografom (ryc. 33).

Ryc. 33. Zastosowanie planów i map w różnych sytuacjach

Zadanie 17. Komu i do czego potrzebne są plany i mapy?

ELEMENTY MAPY

Na każdym planie i mapie umieszczone są: tytuł i legenda oraz kierunki i skala.

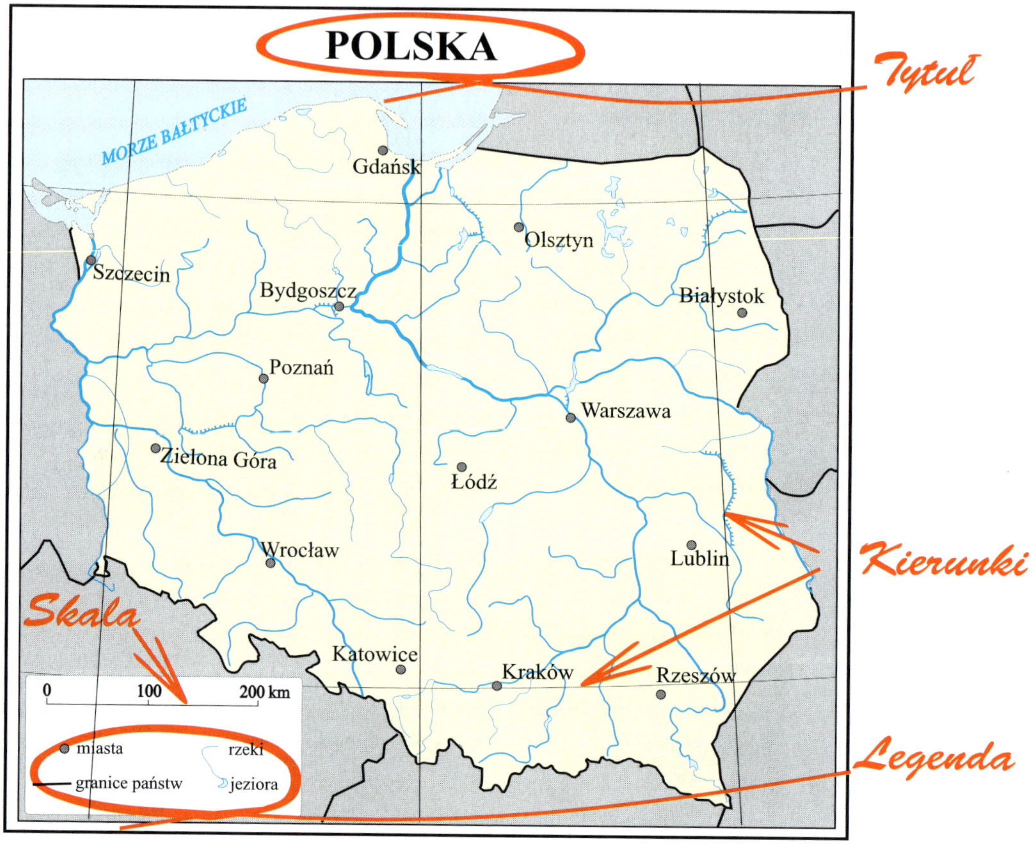

Ryc. 34. Elementy mapy

Kierunki geograficzne służą do orientowania się w terenie (patrz str. 25).
Skala mapy służy do orientowania się w odległościach (patrz str. 28).
Tytuł i legenda mapy służą do odczytania treści (patrz str. 31).

Zadanie 18. Sprawdź w atlasie na mapie Polski, gdzie umieszczono skalę i legendę mapy.

KIERUNKI NA PLANACH I MAPACH

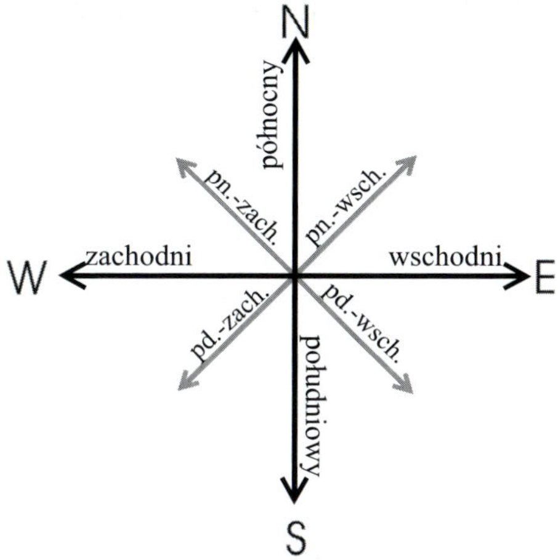

Ryc. 35. Kierunki geograficzne na mapach

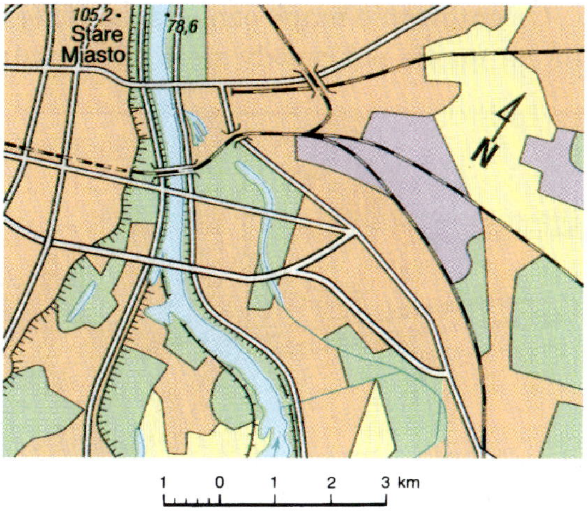

Ryc. 36. Na niektórych planach miast i mapach turystycznych kierunek północny zaznaczany jest strzałką

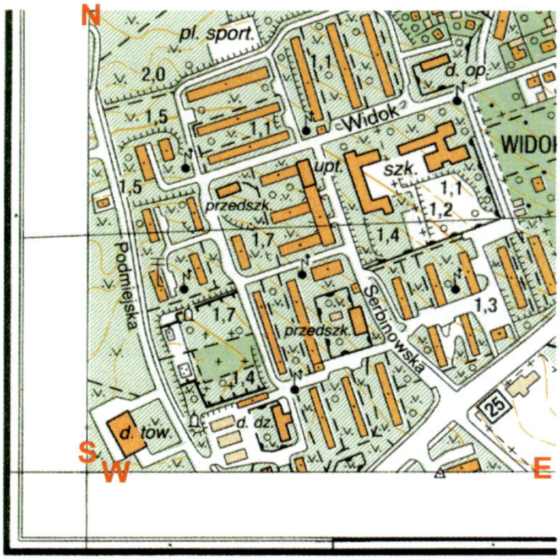

Ryc. 37. Na mapach szczegółowych kierunek północ–południe wskazują boczne ramki mapy. Na mapie przedstawiona jest część Kalisza

Ryc. 38. Na mapach przedstawiających duże obszary kierunek północ–południe jest wskazywany przez linie zwane południkami

ORIENTOWANIE MAPY W TERENIE

Orientowanie mapy oznacza takie jej ustawienie, aby kierunki przedstawione na mapie pokrywały się z odpowiednimi kierunkami w terenie.

Ryc. 39. Orientowanie mapy w terenie ***za pomocą obiektów.*** *Chłopcy chcą obejrzeć mury miejskie. Zorientowali już plan według nazw ulic i odszukali miejsce, w którym się znajdują. Jeden z chłopców wskazuje na planie mury miejskie. W tym właśnie kierunku znajdują się one w terenie*

Orientowanie mapy w terenie za pomocą obiektów

1. Odszukaj na mapie miejsce, w którym się znajdujesz.
2. Odszukaj 2 – 3 dobrze widoczne obiekty w terenie i znajdź je na mapie.
3. Obróć się wraz z mapą tak, aby kierunki do tych obiektów w terenie i na mapie pokryły się ze sobą.
4. Mapa została zorientowana i możesz łatwo z niej odczytać kierunki do obiektów, które są niewidoczne z danego miejsca w terenie.

Ryc. 40. Orientowanie mapy ***za pomocą kompasu***

Orientowanie mapy w terenie za pomocą kompasu

1. Odszukaj na mapie miejsce, w którym się znajdujesz, i sprawdź, w jaki sposób oznaczono na niej kierunek północny.
2. Przyłóż kompas do linii na mapie wskazującej kierunek północny.
3. Obróć mapę razem z kompasem tak, aby kierunek północny wskazywany przez igłę kompasu pokrył się z kierunkiem północnym na mapie.
4. Mapa została zorientowana i możesz łatwo z niej odczytać drogę do interesującego Cię obiektu w terenie.

Zadanie 19. Zdobądź mapę najbliższej okolicy szkoły i zorientuj ją obydwoma sposobami.

Zadanie 20. Zorientuj za pomocą kompasu mapę Polski. Wskaż w atlasie, w którym kierunku od Twojej miejscowości znajduje się najbliższe miasto wojewódzkie oraz Warszawa, Kraków i Gdańsk.

ODLEGŁOŚCI W TERENIE A SKALA

Plany i mapy w zależności od potrzeb (ryc. 33) mogą przedstawiać różnej wielkości obiekty lub tereny. Ich rzeczywiste wymiary są za duże, aby zmieścić je na planie lub mapie, dlatego każdy plan i każda mapa są wykonane w zmniejszeniu, czyli w skali.

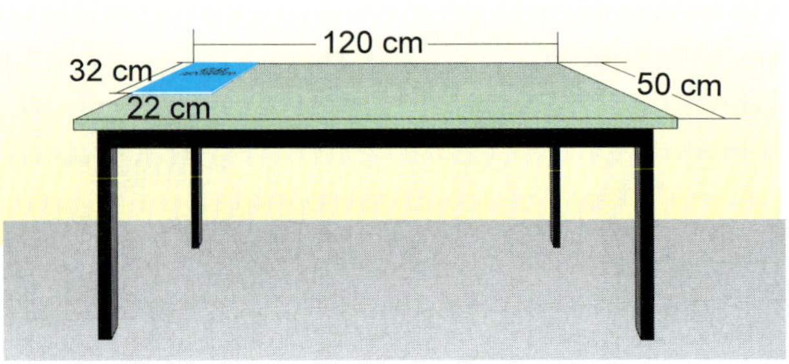

Ryc. 41. Stolik szkolny ma zazwyczaj wymiary 120×50 cm. Rysunek stolika w rzeczywistych rozmiarach nie zmieściłby się na kartce papieru. Jego wymiary trzeba odpowiednio zmniejszyć. Robimy to za pomocą skali

Skala wskazuje, ile razy odległości na planach i mapach są zmniejszone w stosunku do rzeczywistych.

Ryc. 42. Plan stolika szkolnego w skali 1:20 (czytaj: jeden do dwudziestu). Na tym planie wymiary stolika i atlasu zostały zmniejszone dwadzieścia razy, to znaczy 20 razy zmniejszono długość i stolika, i atlasu, oraz również 20 razy zmniejszono ich szerokość

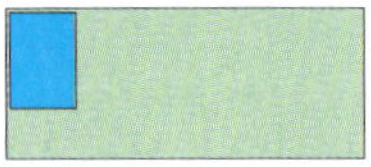

Ryc. 43. Plan stolika szkolnego w skali 1:50 (jeden do pięćdziesięciu). Na tym planie wymiary stolika i atlasu, to znaczy długość i szerokość, zostały zmniejszone 50 razy

Ryc. 44. Plan stolika szkolnego w skali 1:200 (jeden do dwustu). Na tym planie wymiary stolika zostały zmniejszone 200 razy. Atlasu szkolnego w tej skali nie da się już narysować

Skala mapy może być przedstawiona w różny sposób: jako **skala liczbowa, skala mianowana** i **podziałka liniowa.** Często na mapach jest tylko jedna z nich, a czasem wszystkie trzy.

Jak zapisujemy i czytamy skalę liczbową i mianowaną?

Skala liczbowa

np. skalę 1:10 000 czytamy: jeden do dziesięciu tysięcy,
skalę 1: 2 000 000 czytamy: jeden do dwóch milionów.

Skala mianowana

np. 1 cm — 100 m czytamy: 1 cm na mapie odpowiada 100 metrom w terenie,
1 cm — 200 km czytamy: 1 cm na mapie odpowiada 200 kilometrom w terenie.

Jak zamieniamy skalę liczbową na skalę mianowaną?

Mapa szczegółowa jest wykonana np. w skali **1: 25 000,**
czyli 1 cm na tej mapie odpowiada 25 000 cm w terenie.
1 m = 100 cm, to 25 000 cm = 250 m, a więc
skala mianowana to: **1 cm — 250 m**

Mapa Polski w atlasie jest wykonana w skali **1: 2 500 000**,
czyli 1 cm na tej mapie odpowiada 2 500 000 cm w terenie.
1 km = 100 000 cm, to 2 500 000 cm = 25 km, a więc
skala mianowana to: **1 cm — 25 km**

Jak wygląda podziałka liniowa?

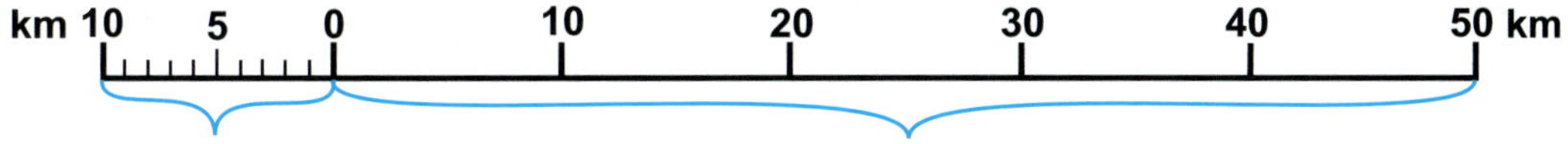

Ta część skali pozwala określić odległość z dokładnością do 1 km

Ta część skali pozwala określić odległość z dokładnością do 10 km

Zadanie 21. Odszukaj, które rodzaje skal są umieszczone przy poszczególnych mapach w atlasie geograficznym. Przećwicz prawidłowe odczytywanie skal liczbowych i mianowanych.

Zadanie 22. Wykonaj plan swojego stolika szkolnego w skali 1:10 i 1: 50 oraz plan swojej klasy w skali 1: 50.

Jak posługujemy się skalą planu lub mapy?

Jeśli chcesz narysować w skali plan klasy, własnego mieszkania lub boiska szkolnego, musisz wszystkie wymiary zmierzone w terenie zmniejszyć tak, aby plan zmieścił się na kartce papieru. Jeśli wykonujesz plan w skali 1:100 lub 1:1000, to znaczy, że wymiary musisz zmniejszyć odpowiednio 100 lub 1000 razy.

Jeśli chcesz się dowiedzieć z mapy, jakie są odległości w terenie, musisz je zmierzyć na mapie i przeliczyć za pomocą skali.

1. Zmierz linijką na mapie poszukiwaną odległość, np. drewniany most przez Wisłę w Wyszogrodzie ma długość 2,5 cm.
2. Przelicz skalę liczbową mapy na mianowaną: 1 : 50 000; 1 cm : 50 000 cm, czyli 1 cm : 500 m.
3. Oblicz za pomocą skali mapy odległość w terenie: $2{,}5 \times 500$ m = 1250 m. Długość mostu przez Wisłę w Wyszogrodzie wynosi 1 km 250 m.

Ryc. 45. Drewniany most na Wiśle od strony Wyszogrodu zaznaczony na mapie obok

Ryc. 46. Mapa szczegółowa okolicy Wyszogrodu w skali 1:50 000

Zadanie 23. Za pomocą planu lub mapy najbliższej okolicy (np. w skali 1:10 000) oblicz odległość z Twojego domu do szkoły.

Zadanie 24. Za pomocą mapy Polski w atlasie oblicz odległość w linii prostej ze swojej miejscowości do najbliższego miasta wojewódzkiego, do Warszawy, do Krakowa i do Gdańska.

LEGENDA MAPY.
POLSKA NA MAPIE POLITYCZNEJ EUROPY

Do odczytania treści mapy służą tytuł i legenda. Treść mapy jest przedstawiana za pomocą umownych znaków, których znaczenie jest wyjaśniane w legendzie mapy (ryc. 34).

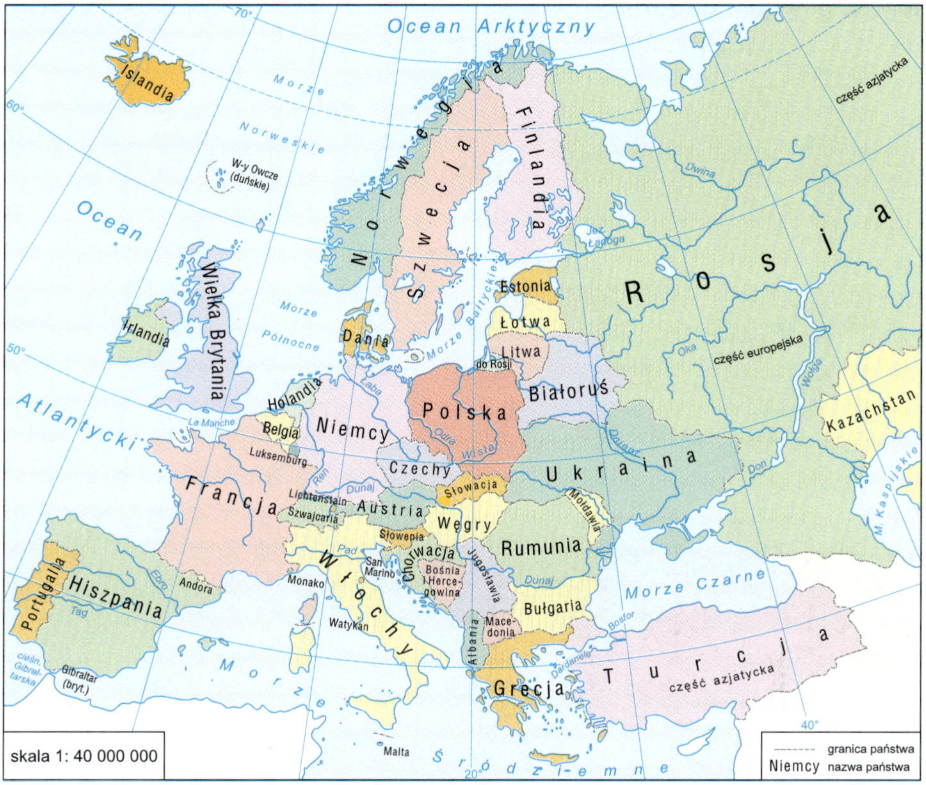

Ryc. 47. Mapa polityczna Europy. Możemy z niej odczytać rozmieszczenie państw

Jak opisujemy położenie Polski?

Polska jest położona w środkowej części Europy. Na północy leży Morze Bałtyckie i część **Rosji.** Od wschodu Polska graniczy z **Litwą, Białorusią** i **Ukrainą,** od południa ze **Słowacją** i **Czechami**, a od zachodu z **Niemcami.**

Kraj nasz pod względem powierzchni zajmuje dziewiąte miejsce w Europie. Powierzchnia Polski wynosi **312 683 km²**. Pod względem liczby mieszkańców zajmujemy ósme miejsce w Europie. W 1999 roku było nas około **39 000 000**. Stolicą Polski jest **Warszawa**.

Zadanie 25. Odszukaj Polskę na mapie Europy w atlasie i w podręczniku.

TWOJE WOJEWÓDZTWO NA MAPIE ADMINISTRACYJNEJ POLSKI

Mapy administracyjne służą do przedstawiania podziału krajów na mniejsze jednostki. Nowy podział administracyjny Polski wprowadzono 1 stycznia 1999 r. Polska została podzielona na 16 województw. Województwa dzielą się na powiaty, a powiaty na gminy.

Ryc. 48. Podział administracyjny Polski

Jak opisujemy położenie województwa?

Województwo świętokrzyskie leży w **południowej części Polski** (ryc. 48). Graniczy ono z sześcioma województwami: od północy z województwem mazowieckim, od wschodu i południa z województwem lubelskim, podkarpackim i małopolskim (granica biegnie rzeką Wisłą). Od zachodu znajduje się województwo śląskie, a od północo-zachodu województwo łódzkie. Przez województwo świętokrzyskie przepływają dwie duże rzeki: Nida i Kamienna.

Zadanie 26. Opisz położenie swojego województwa.

POŁOŻENIE TWOJEJ MIEJSCOWOŚCI

Położenie miejscowości dobrze jest opisywać na podstawie map w dużej skali. Mapa wykonana **w dużej skali,** np. w skali 1:10 000, to tzw. mapa topograficzna, zawierająca dużo szczegółów. Mapa wykonana **w małej skali,** np. 1: 2 500 000, tak jak mapa Polski w atlasie, zawiera tylko treści najważniejsze i ma mniej szczegółów.

Ryc. 49. Podział województwa świętokrzyskiego na powiaty

Zadanie 27. Która z map w tym rozdziale (ryc. 47, ryc. 48, ryc. 49) jest w największej skali, a która w najmniejszej? Sprawdź, na której z tych map zaznaczone jest miasto wojewódzkie Kielce.

Położenie swojej miejscowości możesz opisać, posługując się wzorem opisu jednej z miejscowości w Polsce. Jako przykład wybrałyśmy pięknie położone u podnóża wzniesienia miasto Chęciny z malowniczymi ruinami zamku.

Ryc. 50. Chęciny zostały założone przez króla Kazimierza Wielkiego. Leżą u podnóża wzniesienia, na którym w XIII wieku zbudowano zamek. Bywali tu królowie polscy Władysław Łokietek, Kazimierz Wielki i mieszkała królowa Bona

Jak opisujemy położenie miejscowości?

Chęciny leżą **w województwie świętokrzyskim, w powiecie kieleckim** (ryc. 49), około 15 km w linii prostej w kierunku południowo-zachodnim od Kielc. Chęciny **są miastem** będącym siedzibą **gminy**. Miasto to leży w pobliżu **rzeki Czarna Nida,** która wpada do rzeki Nidy, dopływu Wisły. Blisko Chęcin przebiega **ważna droga** o znaczeniu krajowym, prowadząca z Warszawy przez Kielce do Krakowa.

Zadanie 28. Opisz położenie swojej miejscowości, korzystając z podanego wzoru.

Zadanie 29. Sprawdź, które obiekty występują zarówno na mapie Twojego województwa, jak i na mapie Polski w atlasie (np. miasto, rzeka, jezioro, linia kolejowa).

3. JAK POGODA I KLIMAT WPŁYWAJĄ NA PRZYRODĘ?

POWIETRZE I JEGO WŁAŚCIWOŚCI

Co to jest powietrze? Jak sprawdzić, czy powietrze naprawdę istnieje?

Doświadczenie nr 3

Przebieg doświadczenia *(ryc. 51)*:

1. Przygotuj przezroczyste naczynie wypełnione do połowy wodą, zapałkę i szklankę.
2. Połóż zapałkę na powierzchni wody.
3. Nakryj zapałkę szklanką odwróconą do góry dnem. Zanurz szklankę aż do dna naczynia z wodą.
4. Zaobserwuj poziom wody w szklance. Pomoże Ci w tym zapałka.

Obserwacje:

Szklanka nie wypełnia się wodą, a docisnięcie jej do dna wymaga pewnego wysiłku. Dlaczego?

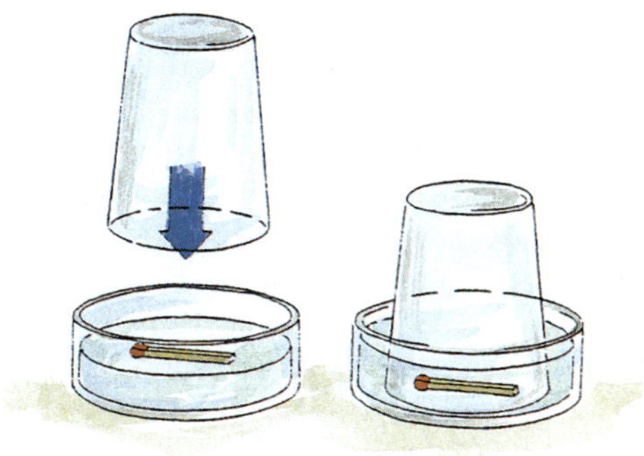

Ryc. 51. Przebieg doświadczenia nr 3

Wnioski:

1. W szklance znajduje się powietrze, które nie pozwala na wypełnienie szklanki wodą. Powietrze w szklance przy ściskaniu stawia opór.
2. Powietrze jest niewidoczne dla oka i jest wszędzie wokół nas.

Z czego składa się powietrze?

Doświadczenie nr 4

Przebieg doświadczenia *(ryc. 52)*:

1. Przygotuj przezroczyste naczynie wypełnione do połowy wodą, nakrętkę od butelki, szklankę, mały kawałek świeczki oraz zapałki.
2. Umocuj świeczkę na dnie nakrętki.
3. Nakrętkę ze świeczką umieść ostrożnie na powierzchni wody. Zapal świeczkę.
4. Odwróć szklankę do góry dnem i nakryj płonącą świeczkę. Zanurz szklankę do dna naczynia z wodą.

Ryc. 52. Przebieg doświadczenia nr 4

Obserwacje:

1. Woda nie wypełnia szklanki, ponieważ znajduje się w niej powietrze, o czym wiemy z poprzedniego doświadczenia.
2. W miarę upływu czasu świeczka płonie coraz słabszym płomieniem i wreszcie gaśnie. Dlaczego?
3. Jednocześnie podnosi się poziom wody w szklance. Dlaczego?

Wnioski:

Świeczka zgasła, ponieważ zużyła się część powietrza, biorąca udział w spalaniu, a większość spalin rozpuściła się w wodzie.

Gaz, dzięki któremu świeca się pali — to **tlen**, a głównym składnikiem pozostałej mieszaniny jest **azot.** Tlen i azot są pierwiastkami, czyli najprostszymi substancjami.

Doświadczenie nr 5

Przebieg doświadczenia *(ryc. 53)*:

1. Przygotuj probówkę z wodą wapienną i cienką, plastikową rurkę.
2. Do probówki z wodą wapienną w ciągu kilku minut wolno wdmuchuj przez rurkę powietrze z płuc. Co się dzieje z wodą?
3. Doświadczenie przeprowadzaj bardzo ostrożnie, by woda wapienna nie dostała się do oczu.

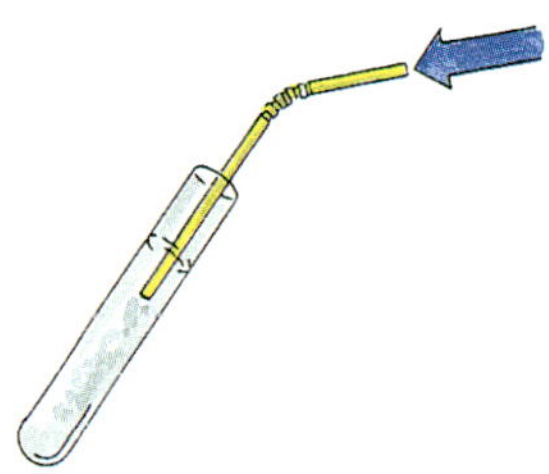

Ryc. 53. Przebieg doświadczenia nr 5

Obserwacje:

Woda wapienna wyraźnie mętnieje. Dlaczego?

Wnioski:

Woda wapienna mętnieje pod wpływem wydychanego przez nas gazu.

Wydychany przez nas niewidoczny gaz — to **dwutlenek węgla.** Jest on również składnikiem powietrza. Nadmiar dwutlenku węgla jest szkodliwy dla ludzi i zwierząt.

Doświadczenie nr 6

Przebieg doświadczenia *(ryc. 54)*:

1. Przygotuj szczelny foliowy woreczek i czystą, suchą szklankę.
2. Opakuj szklankę foliowym woreczkiem i szczelnie go zamknij.
3. Umieść woreczek ze szklanką w zamrażalniku lodówki i przetrzymaj go tam co najmniej przez pół godziny.
4. Wyjmij szklankę z zamrażalnika i z woreczka. Obserwuj szklankę.

Ryc. 54. Przebieg doświadczenia nr 6

Obserwacje:

Ścianki szklanki pokrywają się drobnymi kropelkami wody, a na krótko nawet lodem.

Wnioski:

1. Na ściankach zimnego naczynia skroplił się niewidoczny gaz – **para wodna.**
2. Para wodna jest składnikiem powietrza.

Powietrze jest mieszaniną gazów, które tworzą **atmosferę ziemską, czyli gazową powłokę Ziemi.** W 100 litrach suchego powietrza znajduje się 78 litrów **azotu** i 21 litrów **tlenu.** Na pozostały 1 litr składają się inne gazy, w tym **dwutlenek węgla** i zanieczyszczenia. W 100 litrach wilgotnego powietrza może być do 4 litrów pary wodnej.

Zanieczyszczeniami powietrza są dymy z kominów fabrycznych, spaliny samochodowe, pyły i inne, które występują często nad obszarami gęsto zaludnionymi i przemysłowymi. Zanieczyszczenia powietrza są szkodliwe dla ludzi, zwierząt i roślin. Szczególnie groźny jest **smog**, czyli mieszanina mgły i zanieczyszczeń – głównie spalin.

Ryc. 55. Smog nad Warszawą 22 grudnia 1998 r. Budynki położone daleko są słabo widoczne za gęstą przesłoną smogu

Ryc. 56. Smog tego dnia przewyższał najwyższe budynki w mieście

Zadanie 30. Co to jest powietrze?

Zadanie 31. Z jakich gazów składa się powietrze?

Zadanie 32. Dlaczego należy często wietrzyć klasę?

Zadanie 33. Jak rozumiesz stwierdzenie, że ludzie żyją zanurzeni w powietrzu jak ryby w wodzie?

POGODA

Codziennie masz do czynienia z pogodą. Od pogody zależy, jak ubierasz się przed wyjściem z domu. Słuchamy podawanych w telewizji lub radio prognoz pogody lub wyglądamy przez okno, aby się przekonać o tym, czy jest wiatr, czy świeci słońce, czy niebo jest zachmurzone, czy pada deszcz lub śnieg, a także jaka jest temperatura powietrza. Pogoda zmienia się nieustannie.

Pogoda to chwilowy stan atmosfery w danym miejscu.

Pogodę określa się, charakteryzując poszczególne jej elementy: **temperaturę powietrza, zachmurzenie** i **opady** oraz **ciśnienie atmosferyczne** i **wiatr.**

TEMPERATURA POWIETRZA

Temperaturę powietrza mierzymy za pomocą termometru w stopniach Celsjusza (°C). Nazwa ta pochodzi od nazwiska szwedzkiego wynalazcy skali termometru — Andersa Celsjusa.

Termometr składa się ze szklanej rurki zakończonej zbiorniczkiem wypełnionym cieczą i ze skali temperatury (ryc. 57).

Pomiar temperatury powietrza

1. Temperaturę odczytujemy, mając oczy na wysokości końca słupka cieczy.
2. Wartość temperatury odczytujemy na skali znajdującej się obok rurki.
3. Mniej więcej w połowie skali znajduje się wartość 0°C. Gdy słupek cieczy jest poniżej tej wartości, przed odczytaną wartością dopisujemy minus, np. –5°C.

Ryc. 57. Termometr zaokienny. Odczytaj na nim temperaturę powietrza

Rzadko kiedy zastanawiamy się, dlaczego ciecz w rurce termometru podnosi się i opada. Spróbujmy to sprawdzić, wykonując doświadczenie.

Doświadczenie nr 7

Przebieg doświadczenia:

1. Przygotuj termometr pokojowy i odczytaj na nim temperaturę.
2. Chuchnij na zbiorniczek z cieczą lub potrzymaj go chwilę w dłoni. Odczytaj temperaturę na termometrze.
3. Połóż termometr na stole i odczekaj chwilę. Odczytaj temperaturę na termometrze.

Obserwacje:

1. Podgrzanie chuchnięciem zbiorniczka cieczy spowodowało podniesienie się słupka cieczy.
2. Po odłożeniu termometru słupek cieczy opadł powoli do poprzedniego poziomu. Dlaczego?

Wnioski:

Ciecz zastosowana w termometrze zwiększa swoją objętość przy ogrzewaniu, a zmniejsza przy oziębianiu.

Zjawisko to nazwano **rozszerzalnością cieplną cieczy**. Zostało ono wykorzystane do budowy termometru. **Termometr wskazuje temperaturę powietrza w danej chwili i w danym miejscu**. Jeśli porównasz temperaturę powietrza w miejscu zacienionym i nasłonecznionym, to okaże się, że termometr wskazuje różne temperatury. Temperatura mierzona na słońcu nie jest temperaturą powietrza, lecz jedynie temperaturą własną termometru ogrzewanego bezpośrednio przez promienie słoneczne.

Właściwy pomiar temperatury powietrza powinien się odbywać w cieniu. W stacjach meteorologicznych umieszcza się termometr w klatce meteorologicznej. W naszych domach najlepiej jest umieścić termometr po północnej stronie, gdzie prawie zawsze jest cień. Do pomiaru temperatury powietrza używamy termometrów z takim zakresem skali, aby można było zmierzyć występujące u nas najwyższe i najniższe temperatury. Nasze termometry zaokienne mają zazwyczaj skalę od –50°C do +50°C.

W życiu codziennym używamy różnych termometrów. Na pewno mierzono Ci temperaturę ciała termometrem lekarskim. Jego skala ma zakres od 35°C do 42°C i odpowiada zakresowi możliwych temperatur ludzkiego ciała.

Zadanie 34. Odczytaj temperaturę powietrza na termometrze zaokiennym rano i wieczorem. Kiedy temperatura powietrza była wyższa?

Zadanie 35. Oceń, czy termometr zaokienny w Twoim domu jest umieszczony we właściwym miejscu.

WIATR

Czy zastanawiałeś się kiedyś, co to jest wiatr? Możesz wiatr „zobaczyć”, wykonując w klasie proste doświadczenie.

Ryc. 58. Lekkie przedmioty przesuwają się po stole lub unoszą się w powietrzu

Doświadczenie nr 8

Przebieg doświadczenia *(ryc. 58)*:

1. Połóż na stoliku pogniecione skrawki papieru, piórka, suche liście drzew itp.
2. Nadmuchaj balon i zaciśnij jego otwór.
3. Skieruj wylot balonu na przedmioty leżące na stoliku i wypuszczaj z niego powietrze.

Obserwacje i wnioski:

1. W nadmuchanym balonie powietrze jest „ściśnięte”, to znaczy ma większe ciśnienie od ciśnienia powietrza na zewnątrz balonu.
2. Gdy uwolnimy zacisk, powietrze uchodzi z balonu i przesuwa lekkie przedmioty, ponieważ różnica ciśnień powoduje ruch powietrza od miejsc o większym ciśnieniu do miejsc o mniejszym ciśnieniu.

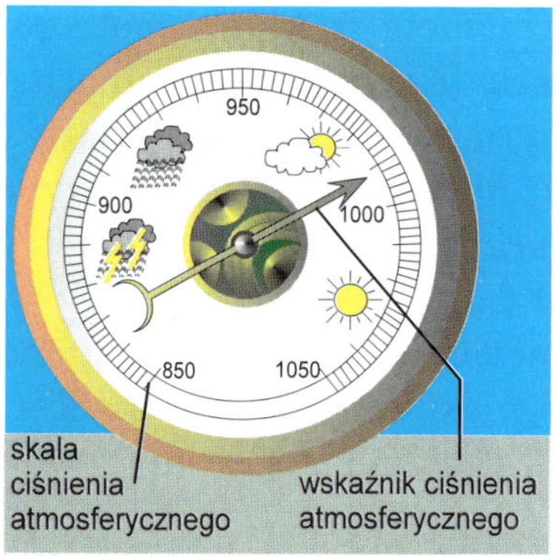

Ryc. 59. Barometr domowy

Ciśnienie atmosferyczne mierzymy w hektopaskalach (hPa) za pomocą barometru. W wielu domach są barometry, na których można odczytać wysokość ciśnienia w każdej chwili. Niektórzy ludzie silnie odczuwają zmiany ciśnienia, ponieważ mają one wpływ na ich samopoczucie.

Wiatr jest to poziomy ruch powietrza. Wiatr wieje od miejsc o wyższym ciśnieniu powietrza do miejsc o niższym ciśnieniu. Im większa różnica ciśnień, tym większa jest prędkość wiatru. Wiatr charakteryzujemy przez podanie jego prędkości i kierunku. Na stacjach meteorologicznych prędkość i kierunek wiatru mierzy się za pomocą **wiatromierza.**

Prędkość wiatru podajemy w metrach na sekundę (m/s), kilometrach na godzinę (km/godz.) lub według skali Beauforta (czytaj *boforta*) w stopniach (°B). Nazwa kierunku wiatru pochodzi od nazwy kierunku, z którego wieje wiatr.

Tabela 2. Prędkość wiatru w skali Beauforta (dla zainteresowanych)

Określenie wiatru	**°B**	**Prędkość** km/godz.	**Oznaki na lądzie i na wodzie**
cisza	0	do 1	dym unosi się pionowo do góry; powierzchnia wody jest gładka
wiatr słaby	1	do 5	dym lekko się odchyla; na wodzie powstają zmarszczki
	2	do 12	na twarzy odczuwa się lekki podmuch, liście drżą; na wodzie tworzą się drobne fale
	3	do 19	liście i małe gałązki są w ruchu; na wodzie powstają małe, wyraźne fale
umiarkowany	4	do 28	wiatr porusza małe gałęzie, unosi pył; na grzbietach fal tworzy się piana
	5	do 38	chwieją się krzewy i większe gałęzie; na wodzie tworzą się fale z grzywami
wichura	6	do 50	poruszają się duże gałęzie, trudno utrzymać parasol; na wodzie powstają duże fale z białymi grzywami
	7	do 62	poruszają się całe drzewa, chodzenie pod wiatr jest utrudnione; fale się piętrzą, zdmuchiwana piana układa się wzdłuż wiatru
huragan, sztorm	8	do 74	wiatr łamie gałęzie; tworzą się długie, wysokie fale, piana układa się w wyraźne pasma
	9	do 88	wiatr zrywa dachówki, unosi przedmioty; duże fale i piana układają się w pasma
	10	do 102	wiatr wyrywa drzewa z korzeniami, niszczy budynki; bardzo wysokie, ciężko przewalające się fale
	11	do 117	rzadko występuje na lądzie, powoduje rozległe zniszczenia; wyjątkowo wysokie fale, wiatr rozpyla ich wierzchołki
	12	ponad 133	nie występuje nad lądem; na wodzie piana i bryzgi w powietrzu, kipiel wody

Zadanie 36. Z jaką prędkością wieje wiatr, który stwarza niebezpieczeństwo dla człowieka? (patrz tabela 2).

TRZY STANY SKUPIENIA WODY

Woda w przyrodzie występuje **w trzech stanach skupienia: stałym, ciekłym** i **gazowym.** Woda ochładzana zamienia się w lód w temperaturze 0°C, a podgrzewana zamienia się w parę wodną.

Doświadczenie nr 9

Przebieg doświadczenia *(ryc. 60)*:

1. Przygotuj szklankę napełnioną do połowy wodą i kostkę lodu.
2. Opisz cechy wody i lodu.
3. Wrzuć lód do szklanki z wodą i obserwuj położenie lodu.

Ryc. 60. Przebieg doświadczenia nr 9

Obserwacje i wnioski:

1. **Woda** jest cieczą przezroczystą, bezbarwną, bez smaku i zapachu. Przyjmuje kształt naczynia.
2. **Lód** jest ciałem stałym, przezroczystym, bezbarwnym, bez smaku i zapachu. Lód pływa częściowo zanurzony w wodzie, ponieważ jest lżejszy od wody. Ciała stałe zachowują własny kształt.
3. **Para wodna** jest bezbarwnym i bezwonnym gazem (wiesz już to z doświadczenia, s. 37). Gaz zajmuje całą dostępną przestrzeń.

PAROWANIE WODY I SKRAPLANIE PARY WODNEJ

Doświadczenie nr 10

Przebieg doświadczenia *(ryc. 61)*:

1. Przygotuj czajnik elektryczny z wodą, talerzyk i grubą rękawicę.
2. Doprowadź wodę w czajniku do wrzenia. Obserwuj z daleka wylot czajnika z wrzącą wodą.
3. Chwyć brzeg talerzyka przez rękawicę i przytrzymaj go obok wylotu czajnika.
4. Obserwuj, co zbiera się na talerzyku.

Ryc. 61. Przebieg doświadczenia nr 10

Obserwacje i wnioski:

1. Pod wpływem ogrzewania woda w czajniku intensywnie paruje. Zjawisko zamiany wody w parę wodną nazywamy **parowaniem.**
2. Unosząca się z czajnika para wodna zamienia się w wodę po zetknięciu z chłodnym talerzykiem lub chłodnym powietrzem. Zjawisko zamiany pary wodnej w wodę nazywamy **skraplaniem.**
3. Małe kropelki wody łączą się w większe krople i spadają na dół.

Parowania wody nie możemy zobaczyć, ale zachodzi ono stale, w każdej temperaturze. Jeśli zostawisz na spodeczku trochę wody, to po pewnym czasie wyparuje. Para wodna skrapla się i w postaci skroplonej tworzy chmury, mgłę i rosę.

Ryc. 62. ***Rosa*** *składa się z kropelek wody osadzających się na powierzchni gruntu, roślin i różnych przedmiotów. W lecie, wczesnym rankiem lub w nocy, możemy na wychłodzonych roślinach zaobserwować rosę, powstałą przez skroplenie pary wodnej*

Skraplanie się pary wodnej w powietrzu powoduje powstanie mgły. **Mgła** tworzy białawą zasłonę ograniczającą widoczność. Jest ona zjawiskiem niebezpiecznym dla ruchu pojazdów.

Ryc. 63. Widok podczas słonecznej pogody i podczas ***mgły***

Zadanie 37. Jakie zjawiska w przyrodzie zachodzą pod wpływem parowania wody i skraplania się pary wodnej?

ZACHMURZENIE

Z powierzchni Ziemi, to znaczy z powierzchni gruntu, jezior i rzek, mórz i oceanów oraz roślinności unosi się w powietrze para wodna. Im wyżej, tym jest chłodniej i dlatego na pewnej wysokości para wodna zmienia się w maleńkie kropelki wody lub kryształki lodu. Z nich powstają różne chmury.

Ryc. 64. ***Chmury pierzaste*** *są białe. Przypominają delikatne smugi rozsnute po błękitnym niebie. Chmury te występują bardzo wysoko, są zbudowane z kryształków lodu i nie dają opadów*

Ryc. 65. ***Chmury kłębiaste****, tak zwane* ***chmury pięknej pogody****, często występują w lecie. Mają białe, skłębione wierzchołki i lekko szarą, spłaszczoną podstawę. Zazwyczaj nie dają opadów*

Ryc. 66. ***Chmury kłębiaste, deszczowe****, są wysokie, potężne, o ciemnoszarej lub prawie granatowej podstawie. Są zbudowane z kropelek wody. Często chmury te dają gwałtowny, ulewny deszcz*

Ryc. 67. ***Chmury warstwowe*** *tworzą szarą lub niebieskawą, niemal jednolitą warstwę, pokrywającą niebo całkowicie lub prawie całkowicie. Chmury te dają opady śniegu, mżawki lub drobnego, ciągłego deszczu*

Wystarczy spojrzeć w niebo od czasu do czasu, aby przekonać się, jak szybko może zmienić się jego wygląd. Raz niebo jest **bezchmurne**, nie widać na nim ani jednej chmury. Innym razem jest **całkowicie zachmurzone,** nawet bez skrawka błękitu. O **zachmurzeniu częściowym** mówimy, gdy widać i chmury, i prześwitujący błękit nieba. W ten sposób określamy stopień zachmurzenia. Na podstawie obserwacji rodzaju chmur i stopnia zachmurzenia możemy przewidywać pogodę.

Zadanie 38. Rozpoznaj rodzaje chmur i stopień zachmurzenia w dniu dzisiejszym.

ZAMARZANIE WODY I TOPNIENIE LODU

Z poprzednich lekcji już wiesz, że woda może występować w stanie stałym, czyli w postaci lodu. W jakich warunkach woda zmienia swój stan skupienia, możesz dowiedzieć się, wykonując doświadczenie.

Doświadczenie nr 11

Ryc. 68. *Przebieg doświadczenia nr 11*

Przebieg doświadczenia *(ryc. 68):*

1. Przygotuj słoiczek lub szklankę z małą ilością wody (1 cm).
2. Wstaw pojemnik z wodą do zamrażalnika na 1 do 2 godzin.
3. Sprawdź, co się stało z wodą.

Obserwacje i wnioski:

Pod wpływem niskiej temperatury woda zamarzła.

Zamarzanie — to przemiana wody ze stanu ciekłego w stan stały.

Doświadczenie nr 12

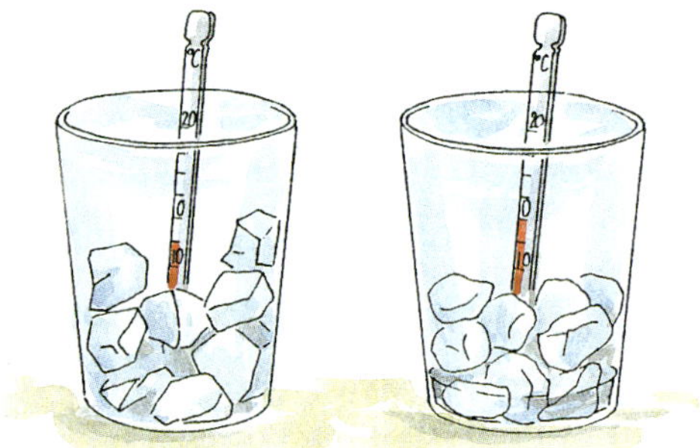

Ryc. 69. Przebieg doświadczenia nr 12

Przebieg doświadczenia *(ryc. 69):*

1. Przygotuj szklankę z pokruszonymi kawałkami lodu i termometr.
2. Między grudki lodu wsuń termometr i odczekaj, aż lód zacznie się topić.
3. Odczytaj temperaturę na termometrze.

Obserwacje i wnioski:

1. Po krótkim czasie lód zaczyna topnieć.
2. Mieszanina lodu i wody ma temperaturę 0°C.

Przemianę wody ze stanu stałego (tzn. lodu) w stan ciekły nazywamy **topnieniem.** Temperatura zamarzania wody i temperatura topnienia lodu wynosi **0°C.**

W przyrodzie zjawisko **zamarzania wody** możemy obserwować zimą nawet na kałużach. Na rzekach i jeziorach podczas mrozów tworzy się pokrywa lodowa. Na skutek zamarzania drobnych kropelek wody na wychłodzonych powierzchniach powstaje szron, sadź i gołoledź. Zjawisko **topnienia lodu** (i śniegu) obserwujemy w przyrodzie podczas zimowych odwilży i wiosennych roztopów.

Ryc. 70. Pokrywa lodowa na Wiśle. Kruchy i cienki lód na rzekach i jeziorach jest niebezpieczny

Zadanie 39. Dlaczego podczas długotrwałych mrozów robi się przerębble w lodowej pokrywie jezior?

Ryc. 71. ***Szron*** *osadza się w podobny sposób i w podobnych miejscach jak rosa, ale składa się z kryształków lodu*

Ryc. 72. ***Sadź*** *składa się z cienkich, lodowych igiełek lub łusek narastających podczas mrozu. Ten kruchy, łatwo osypujący się osad wygląda szczególnie pięknie na gałązkach drzew, krzewów*

Czasem na drogach tworzy się bardzo niebezpieczny dla ludzi i samochodów osad — **gołoledź.** Jest to gładka, cienka warstwa lodu, tworząca się wskutek zamarzania kropli deszczu lub mżawki na powierzchni gruntu.

Zadanie 40. W jakiej temperaturze woda wrze, a w jakiej zamarza?

Zadanie 41. Jak wygląda i jak powstaje sadź?

OPADY ATMOSFERYCZNE

Szare, ciemne chmury kłębiaste lub warstwowe są zwiastunem nadciągających opadów deszczu, mżawki, śniegu lub gradu. **Deszcz – to opad różnej wielkości kropel wody**. **Mżawka** złożona jest z **bardzo drobnych kropelek wody**. Sprawiają one wrażenie, jakby unosiły się w powietrzu.

Zimą najczęstsze są opady śniegu. **Śnieg jest opadem płatków różnej wielkości i budowy, zwanych śnieżynkami** (ryc. 73).

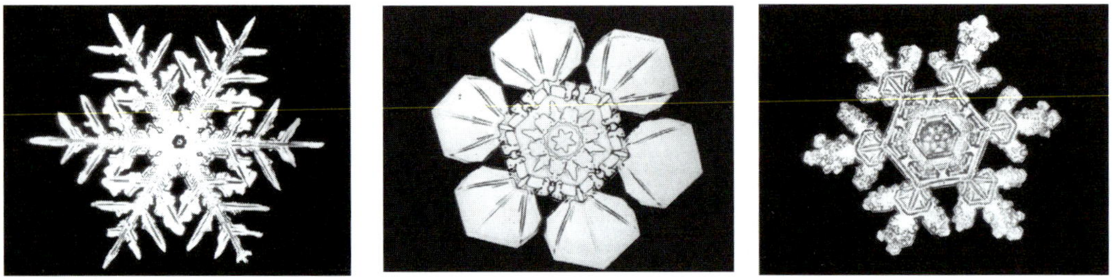

Ryc. 73. Śnieżynki powstają ze zrośniętych kryształków lodu. Dotychczas nie udało się znaleźć dwu identycznych gwiazdek śniegu. Te zdjęcia pochodzą ze zbiorów polskiego polarnika Antoniego Dobrowolskiego, gromadzonych od 1914 r. Negatywy fotografii na płytkach szklanych są przechowywane w Muzeum Ziemi w Warszawie (zdjęcia w powiększeniu)

Grad – to opad bryłek lodu. Grad może występować w różnych porach roku, ale latem jest szczególnie szkodliwy. Rośliny na polach i w ogrodach z uszkodzonymi gradem liśćmi, kwiatami i owocami dają mniejsze plony.

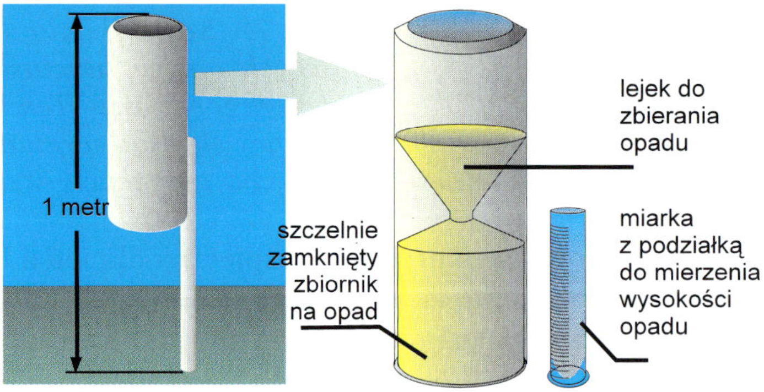

Ryc. 74. Wysokość opadów (deszczu, śniegu, gradu) mierzy się za pomocą deszczomierza i wyniki podaje w milimetrach

KRĄŻENIE WODY W PRZYRODZIE

Jak myślisz, co się dzieje z opadami docierającymi do powierzchni ziemi? Otóż część tej wody **odpływa** do rzek, jezior oraz mórz i oceanów, część wsiąka w ziemię, tworząc wody podziemne, a część zużywają rośliny, zwierzęta i ludzie. Na obszarach o niskiej temperaturze powietrza część wody pozostaje uwięziona w lodowcach. Z powierzchni wód, gruntu, roślin i lodowców woda **paruje** i dostaje się ponownie do atmosfery. Niewidoczna para wodna unosi się do góry i na pewnej wysokości ulega skropleniu, tworząc chmury. Z chmur zbudowanych z kropel wody lub kryształków lodu ponownie wraca na ziemię w postaci opadu deszczu, śniegu lub gradu. Woda w przyrodzie ulega ciągłym przemianom i znajduje się w nieustannym ruchu.

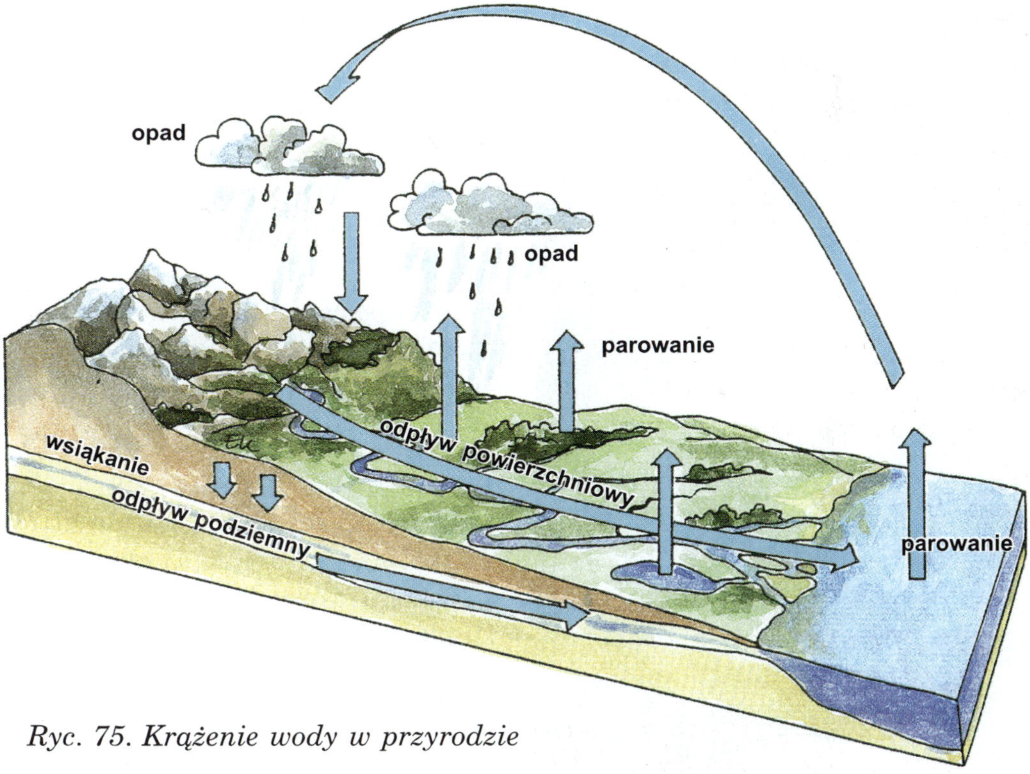

Ryc. 75. Krążenie wody w przyrodzie

Zadanie 42. Na podstawie rysunku (ryc. 75) opowiedz, jak krąży woda w przyrodzie.

Zadanie 43. Dowiedz się, skąd pochodzi woda pitna dostarczana do Twojego mieszkania: czy z rzeki, czy z jeziora, czy z wód podziemnych.

BURZA. TĘCZA

Dotychczas poznałeś zjawiska atmosferyczne związane z wodą, takie jak: **powstawanie opadów deszczu, śniegu i gradu** oraz **mgły, rosy, sadzi, szronu i gołoledzi.** Zjawiskiem atmosferycznym związanym z zanieczyszczeniem powietrza jest również **tworzenie się smogu**.

Jednym ze zjawisk atmosferycznych związanych z elektrycznością jest **burza.** Burzę zwiastują potężne chmury kłębiaste, zwane chmurami burzowymi. W chmurach tych gromadzą się ładunki elektryczne powodujące powstawanie piorunów. Piorun jest to krótkotrwały, bardzo silny prąd elektryczny, czyli przepływ ładunku elektrycznego zachodzący między chmurami lub między chmurami a powierzchnią Ziemi. Piorunom towarzyszą **zjawiska świetlne — błyskawice, i zjawiska dźwiękowe (akustyczne) — grzmoty**, słyszalne w postaci suchego, głośnego trzasku lub głuchego dudnienia. Podczas burzy występuje zazwyczaj silny, porywisty wiatr oraz silny, krótkotrwały opad deszczu lub gradu.

Ryc. 76. Błyskawice między chmurami a powierzchnią gruntu biegną zygzakowatą drogą i rozgałęziają się ku dołowi

Jeśli burza jest bezpośrednio nad Tobą, to widzisz błyskawicę i słyszysz grzmot równocześnie. Jeśli burza jest daleko, najpierw widzisz błyskawicę, a dopiero później słyszysz grzmot. Dzieje się tak dlatego, że światło porusza się znacznie szybciej niż dźwięk. W czasie 1 sekundy **światło** pokonuje odległość **300 000 km**, natomiast **dźwięk** tylko **340 m**.

Jeśli chcesz ocenić, jak daleko od Ciebie uderzył piorun, to policz, ile sekund minęło między błyskawicą i grzmotem, i tę liczbę podziel przez trzy. Otrzymany wynik określa w kilometrach odległość między Tobą i piorunem. Na przykład jeśli od zaobserwowania błyskawicy do usłyszenia grzmotu upłynęły 3 sekundy, to znaczy, że piorun uderzył w odległości około 1 km.

Piorun może być niebezpieczny. Uderza zazwyczaj w wystające nad powierzchnię gruntu obiekty, powodując ich zniszczenie lub pożar. Dlatego podczas burzy **nie należy przebywać na otwartej przestrzeni** ani chronić się pod stojącymi **samotnie wysokimi drzewami.** W domu należy zamknąć okna i wyłączyć z gniazdek elektrycznych oraz antenowych wszystkie urządzenia elektroniczne, takie jak: radia, telewizory, komputery. Wszystkie wysokie budynki i wieże są wyposażone w **piorunochrony,** dzięki czemu piorun trafia w piorunochron (a nie w budynek) i jego ładunek elektryczny jest bezpiecznie odprowadzony do ziemi.

W atmosferze można też obserwować **zjawiska świetlne (optyczne)**. Często spotykanym i bardzo pięknym jest **tęcza.** W jaki sposób powstaje tęcza, możesz sprawdzić w doświadczeniu.

Ryc. 77. Tęcza pojawia się po przeciwległej stronie nieba niż Słońce. Jej łuk jest od strony wewnętrznej fioletowy, a od zewnętrznej czerwony

Doświadczenie nr 13

Przebieg doświadczenia *(ryc. 78)*:

1. Przygotuj pryzmat i białą kartkę papieru.
2. Ustaw boczną ścianę pryzmatu w stronę światła słonecznego. Z drugiej strony pryzmatu umieść kartkę papieru.
3. Sprawdź, jak wygląda światło po przejściu przez pryzmat.

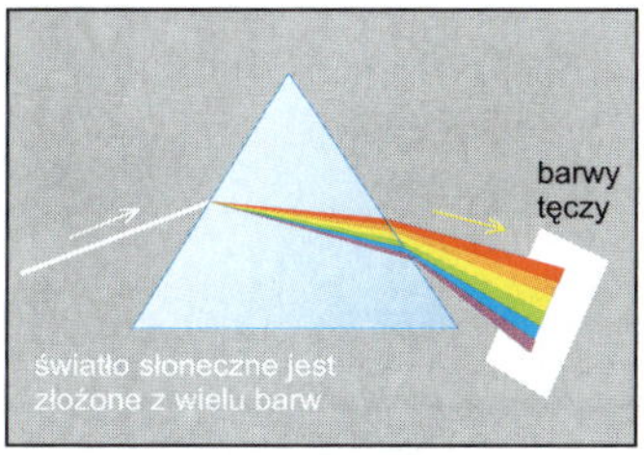

Ryc. 78. Przebieg doświadczenia nr 13

Obserwacje:

Na kartce papieru ukazała się tęcza barw.

Wnioski:

1. Białe światło (np. słoneczne) zostało rozłożone na wiele barw, przechodzących w sposób ciągły jedna w drugą, od czerwonej, poprzez pomarańczową, żółtą, zieloną i niebieską, do fioletowej. Takie zjawisko optyczne nazywamy **rozszczepieniem światła.**
2. Podobny układ barw obserwujesz na niebie, gdy powstaje tęcza, ponieważ światło może się w podobny sposób rozszczepiać w kroplach deszczu.

PROGNOZA POGODY

Informacje o pogodzie są potrzebne każdemu z nas, ale szczególnie ważne są dla niektórych zawodów. Żaden samolot nie odleci bez informacji o stanie pogody na trasie lotu, zwłaszcza o możliwości wystąpienia burz, śnieżyc i mgły. Od stałych komunikatów o stanie pogody zależą morskie rejsy statków pasażerskich, towarowych i rybackich. Rolnikom potrzebne są przede wszystkim wiadomości o przymrozkach, opadach deszczu lub gradu. Dla służb komunikacyjnych ważne jest zaplanowanie przygotowań do usuwania gołoledzi lub odśnieżania dróg i torów kolejowych. Każdy turysta chce wiedzieć, jaka będzie pogoda podczas jego wędrówki. Trudno sobie wyobrazić nasze życie bez informacji o pogodzie.

Ryc. 79. Klatka meteorologiczna znajduje się 2 m nad poziomem gruntu. Umieszcza się w niej przyrządy pomiarowe. (W głębi widoczne dwa deszczomierze)

Ryc. 80. Wnętrze klatki meteorologicznej z termometrami i termografem (przyrząd do automatycznego zapisywania temperatury)

Informacje o stanie pogody zbierane są w wielu stacjach meteorologicznych, następnie przesyłane do Instytutu Meteorologii i Gospodarki Wodnej w Warszawie. Tam opracowuje się prognozy pogody oraz gromadzi się materiały niezbędne do badań pogody i klimatu.

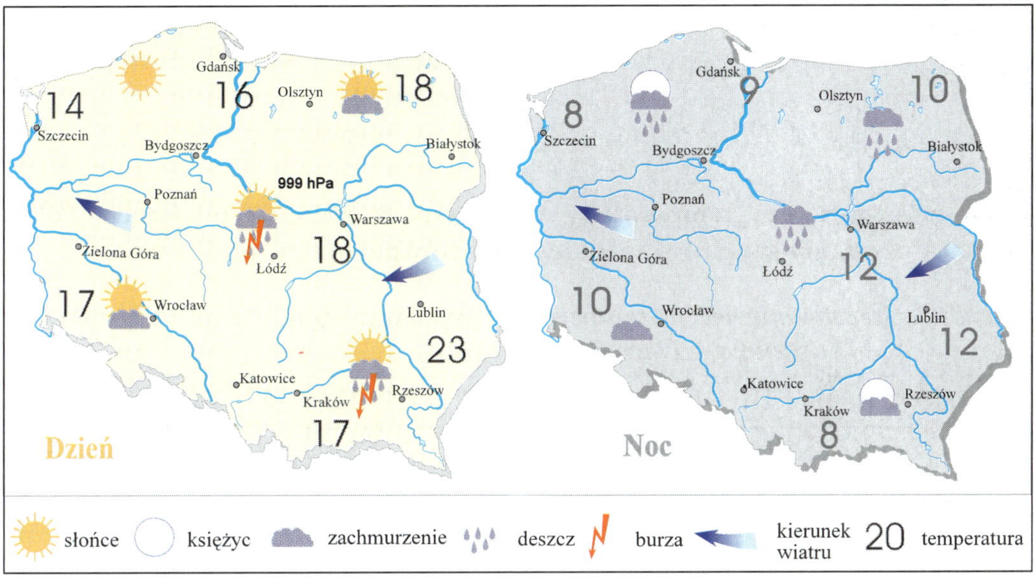

Ryc. 81. Prognoza pogody dla Polski w dniu 8 maja 1996 roku

Codziennie w telewizji możesz oglądać podobną mapę pogody. Komunikaty o stanie pogody podają również radio i codzienna prasa.

Zadanie 44. Na podstawie mapy (ryc. 81) omów prognozę pogody dla Twojej miejscowości.

Zadanie 45. Na podstawie telewizyjnej prognozy pogody i własnych obserwacji napisz swoją prognozę pogody na czas Twojego wyjścia ze szkoły. Opisz: jak zmieni się temperatura powietrza? Co zapowiadają chmury? (Sprawdź na str. 44–45).

Uwaga:

- **zazwyczaj nie dają opadów:** chmury pierzaste, chmury kłębiaste — pojedyncze, białe, tzw. chmury pięknej pogody;
- **często dają opady:** chmury warstwowe lub kłębiasto-warstwowe — szare, pokrywające całe niebo (opad mżawki, deszczu lub śniegu), kłębiaste — ciemne, potężne (gwałtowny deszcz, grad i burze).

KLIMAT TWOJEJ MIEJSCOWOŚCI

Klimat jest to typowy dla danego miejsca przebieg pogody, określony na podstawie wieloletnich obserwacji.

Aby określić klimat, najczęściej omawiamy temperaturę powietrza i opady. Średnią dobową temperaturę powietrza obliczamy na podstawie pomiarów temperatury o godz. 7.00 (np. 11°C) i 19.00 (12°C) oraz temperatury maksymalnej (np. 18°C) i minimalnej (np. 7°C) w ciągu doby, (np. 11°C + 12°C + 18°C + 7°C = 48°C; 48°C: 4 = 12°C).

Do porównywania temperatury powietrza w różnych miejscach Polski i świata używamy **średniej miesięcznej temperatury powietrza.**

Tabela 3. Średnie miesięczne temperatury powietrza (t) na stacji meteorologicznej Warszawa – Okęcie.

miesiąc	I	II	III	IV	V	VI	VII	VIII	IX	X	XI	XII	rok
t [°C]	–3	–2	2	8	13	17	18	17	13	8	3	–1	8

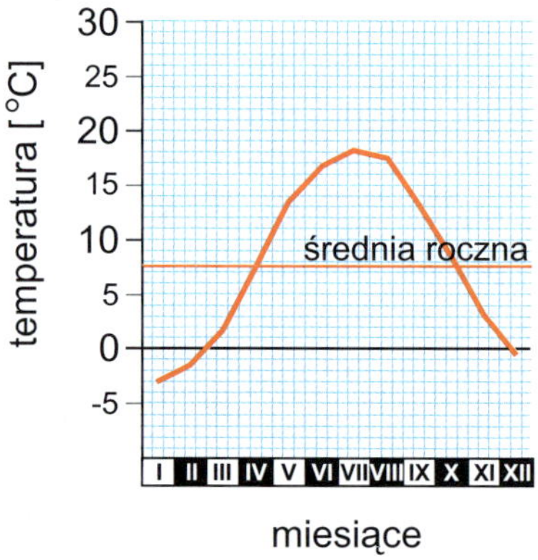

Ryc. 82. Średnie miesięczne temperatury powietrza na stacji meteorologicznej Warszawa – Okęcie

W którym miesiącu w Polsce jest zazwyczaj najcieplej, a w którym najzimniej?

Wakacje szkolne są zaplanowane w najcieplejszej porze roku, w lecie. Zwykle **najwyższa temperatura powietrza jest w lipcu** (tabela 3 i ryc. 82). Na początku jesieni jest jeszcze ciepło, ale stopniowo robi się coraz chłodniej. W zimie temperatura bardzo często spada poniżej 0°C. **Najniższa temperatura powietrza jest zazwyczaj w styczniu.** Potem temperatura powoli wzrasta. Nadchodzi wiosna, a potem znów lato.

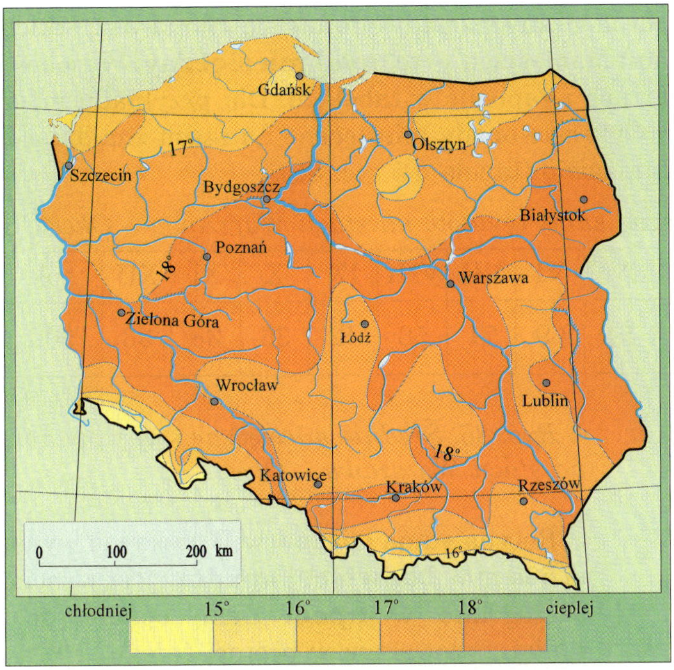

Ryc. 83. Średnia temperatura powietrza w Polsce w lipcu

W lipcu **najcieplej jest w środkowej części Polski** (ryc. 83). Średnia miesięczna temperatura powietrza jest tu wyższa od 18°C. **Najchłodniej jest w górach,** gdzie średnia miesięczna temperatura powietrza spada **poniżej 15°C.**

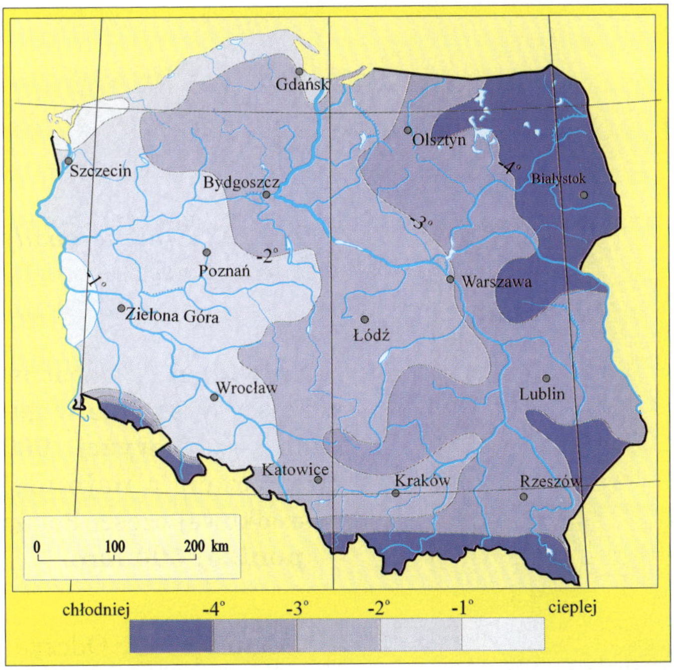

Ryc. 84. Średnia temperatura powietrza w Polsce w styczniu

W styczniu **najniższa** temperatura powietrza w Polsce jest w górach (ryc. 84), gdzie spada **poniżej –4°C.** Również niska temperatura występuje w północno-wschodniej części Polski. Zimą **najcieplej** jest na zachodzie Polski i nad morzem, nawet **powyżej –1°C** w okolicy Szczecina oraz Zielonej Góry.

Zadanie 46. Odszukaj na mapach (ryc. 83, 84) położenie Twojej miejscowości i odczytaj średnią temperaturę powietrza w lipcu i styczniu w tym rejonie.

Mierzone na stacjach meteorologicznych opady sumuje się. Suma wszystkich opadów, które wystąpiły w danym miesiącu — to **opad miesięczny.** Wysokość opadów podaje się w milimetrach i zapisuje w tabelach. Dla przykładu masz przedstawione w tabeli i na wykresie opady miesięczne na stacji znajdującej się na lotnisku Okęcie w Warszawie (tabela 4 i ryc. 85).

Tabela 4. Średnie miesięczne sumy opadów na stacji Warszawa – Okęcie

miesiąc	I	II	III	IV	V	VI	VII	VIII	IX	X	XI	XII	rok
opady [mm]	23	24	25	33	54	69	71	58	42	36	38	33	506

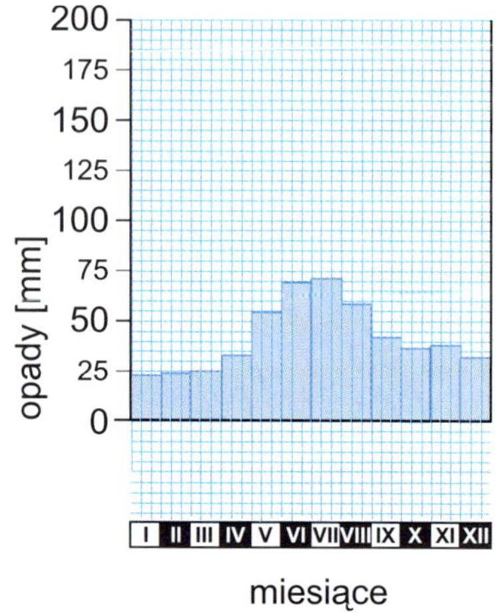

Ryc. 85. Średnie miesięczne sumy opadów na stacji Warszawa – Okęcie

Roczna suma opadów w Warszawie wynosi 506 mm. **Najwięcej opadów** jest w lecie, szczególnie **w lipcu.** Zimą opadów jest mniej, przeważnie w postaci śniegu.

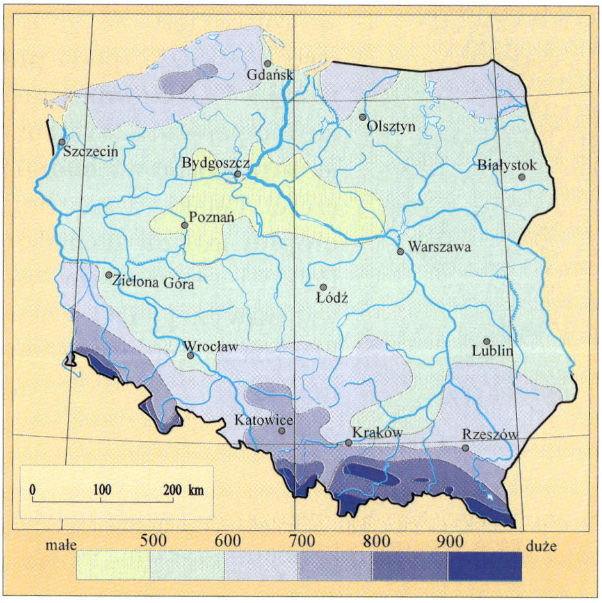

Ryc. 86. Średnie opady roczne w Polsce

Najwięcej opadów w Polsce występuje **w górach – powyżej 900 mm** rocznie, a **najmniej** w środkowej części Polski – **poniżej 500 mm.**

Zadanie 47. Odczytaj z mapy (ryc. 86), ile wynosi roczna suma opadów w Twojej miejscowości.

Jak opisać klimat miejscowości?

1. Opady atmosferyczne:
   - jaka jest roczna suma opadów?
   - w których miesiącach opady są największe, a w których najmniejsze?
2. Temperatura powietrza:
   - jaka jest średnia roczna temperatura powietrza?
   - który miesiąc jest najcieplejszy i ile wynosi jego średnia miesięczna temperatura powietrza?
   - który miesiąc jest najzimniejszy i ile wynosi jego średnia miesięczna temperatura powietrza?

Ryc. 87. Jak ubieramy się latem?

Ryc. 88. Jak ubieramy się zimą?

Zadanie 48. Opisz klimat Twojej miejscowości na podstawie wartości odczytanych z map.

WPŁYW KLIMATU NA PRZYRODĘ

Klimat Polski nazywany jest **klimatem umiarkowanym.** Cechą charakterystyczną tego klimatu jest występowanie czterech pór roku. Każda z nich trwa około 3 miesięcy. Pory roku powodują zmiany w rocznym rytmie życia przyrody.

ZIMA

Zima rozpoczyna się w Polsce w grudniu najkrótszym dniem w ciągu roku. Średnia miesięczna temperatura powietrza spada poniżej 0°C. Słońce w południe znajduje się niezbyt wysoko na niebie. W tym czasie zamarzają niewielkie zbiorniki wodne, a czasem także duże jeziora i rzeki. Najczęściej występującym w zimie opadem jest śnieg. Otula on białą szatą miasta i wsie, pola, łąki i lasy z bezlistnymi drzewami. Następuje przerwa w życiu roślin, ale nie cała przyroda śpi snem zimowym.

Ryc. 89. Zima na wsi

Na świeżym śniegu i na wsi, i w mieście można znaleźć ślady różnych zwierząt. Niektóre ptaki przylatują do nas z dalekiej północy. Człowiek też przygotowuje się do zimy. Nasze mieszkania trzeba w zimie ogrzewać, a gdy wychodzimy na zewnątrz, musimy się ciepło ubrać.

Ryc. 90. Zima w mieście. Sadź w mieście możemy obserwować znacznie rzadziej niż na wsi. Śnieg z ulic i chodników jest sprzątany

WIOSNA

Stopniowo dzień staje się coraz dłuższy i Słońce w południe jest coraz wyżej na niebie. Temperatura powietrza podnosi się i przyroda zaczyna się budzić do życia. Wiosna jest u nas najpiękniejszą porą roku (patrz ryc. 91 i 92).

Rozwijają się liście na drzewach i krzewach, wszędzie widać świeżą, piękną zieleń, wiele roślin zakwita. Przylatują bociany i inne ptaki, które opuściły nas przed zimą. Rozpoczynają się prace na polach.

Ryc. 91. Wiosna na wsi. Na rzece stopniał lód. Zazieleniły się drzewa, krzewy i inne rośliny

Ryc. 92. Wiosna w mieście. Kwitnące drzewa i krzewy ozdabiają zieleńce

Zadanie 49. Na podstawie ilustracji porównaj, jak wygląda zima i wiosna na wsi oraz w mieście.

Zadanie 50. Wymień różnice między zimą i wiosną.

LATO

W czerwcu mamy najdłuższy dzień w roku — trwa ponad 16 godzin. Słońce w południe jest wysoko na niebie i wyraźnie odczuwamy jego gorące promienie. Średnia dobowa temperatura powietrza z dnia na dzień rośnie. Czerwiec, lipiec i sierpień są najcieplejszymi miesiącami w naszym klimacie.

W czerwcu wszystko wokół nas kwitnie. Później pojawiają się owoce i dojrzewa zboże na polach. W lipcu i sierpniu trwają żniwa. Świat jest pełen kolorów. Większość zwierząt jest zajęta wychowaniem potomstwa.

Ryc. 93. Lato na wsi

Dwa miesiące letnie są dla Was okresem wakacji. Wielu dorosłych również w tym okresie korzysta z urlopów wypoczynkowych.

Ryc. 94. Lato w mieście. W mieście nie widać owocujących o tej porze drzew w sadach i krzewów

JESIEŃ

Stopniowo dnie stają się krótsze. Słońce w południe jest coraz niżej na niebie. Zaczynają się chłodniejsze noce. W ciągu dnia temperatura powietrza też jest coraz niższa. Część ptaków już pod koniec lata odfrunęła do ciepłych krajów. Rozpoczyna się jesień.

W sadach trwają zbiory owoców, a na polach zbiory roślin okopowych. Rośliny po wydaniu owoców przygotowują się do zimowego spoczynku. Liście na drzewach zmieniają barwy, a potem opadają.

Ryc. 95. Jesień na wsi

Ryc. 96. Jesień w mieście. Część drzew i krzewów już zrzuciła liście na zimę, inne zachowały jeszcze żółte i czerwone kolory jesieni

Zadanie 51. Co się dzieje w różnych porach roku w lesie, na polach i w mieście?

4. CZŁOWIEK I JEGO POTRZEBY ŻYCIOWE

PODSTAWOWE POTRZEBY CZŁOWIEKA

Odpowiadając na pytanie: *co jest nam potrzebne do życia?* — wśród wielu czynników i przedmiotów można wymienić takie, jak: komputer, pociąg, pieniądze, telewizor, woda, pokarm, powietrze, mieszkanie. Ale czy wszystkie one są nam konieczne do życia? Dziś nie wyobrażamy sobie życia bez telewizora, telefonu lub pralki. Jednak to nie te przedmioty decydują o naszym życiu. One nam je tylko **ułatwiają.** Tak naprawdę **niezbędne** do życia są nam: powietrze, woda, żywność.

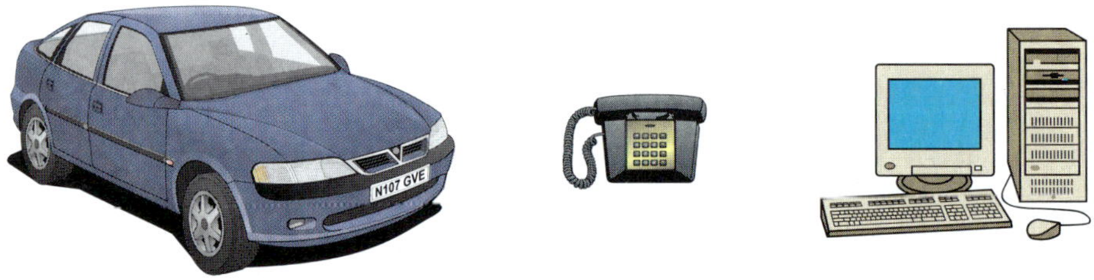

Ryc. 97. Samochód, telefon, komputer — to przedmioty, które ułatwiają nam życie

Jak już wiesz, **powietrze** jest mieszaniną gazów. Najważniejszy dla nas **tlen** niezbędny jest do uwolnienia energii zawartej w pokarmach, a potrzebnej do wykonania każdej czynności, np. chodzenia, pisania, jedzenia. Dlatego też bez tlenu jesteśmy w stanie przeżyć tylko kilka minut. Powietrze wraz z tlenem dostaje się do naszego organizmu w czasie wdechu. W czasie wydechu natomiast wydalany jest dwutlenek węgla, który powstaje podczas uzyskiwania energii potrzebnej do życia. Pobieranie tlenu i wydalanie dwutlenku węgla nosi nazwę **wymiany gazowej** (potocznie mówimy „oddychanie"). U człowieka proces ten zachodzi w płucach.

Wraz z powietrzem wprowadzamy do naszego organizmu zanieczyszczenia występujące w powietrzu, takie jak: pyły, związki siarki, azotu, tlenek węgla (czad), i metale ciężkie, np. ołów, który ma szczególnie niekorzystny wpływ na zdrowie dzieci. Tlenek węgla i ołów znajdują się w spalinach samochodowych.

Zadanie 52. Wypisz w dwóch kolumnach: elementy otoczenia, które są Ci niezbędne do życia, oraz te, które ułatwiają Ci życie.

Woda jest podstawowym składnikiem organizmów żywych. Stanowi ona trzy czwarte masy ciała człowieka. Organizm nasz potrzebuje 2,5 litra wody dziennie. Powinna to być woda czysta. Im źródło wody znajduje się bliżej fabryk, pól uprawnych, ferm hodowlanych, tym więcej zawiera ono szkodliwych substancji, które wpływają na stan naszego zdrowia.

Ryc. 98. Czystą wodę możemy spotkać w potokach górskich

W większości miast polskich wodę można pić dopiero po przegotowaniu, ze względu na występujące w niej zanieczyszczenia oraz chlor (jeśli jest ona chlorowana).

Bez wody człowiek umiera w ciągu 5–8 dni, pijąc tylko wodę może przeżyć nawet 70 dni.

Zadanie 53. Policz, ile litrów wody pijesz dziennie (uwzględnij: herbatę, zupę, soki, wodę mineralną i inne płyny).

Pokarm jest nam potrzebny do budowy naszego ciała, wzrostu oraz uzyskania energii, a także do zapewnienia zdrowia. Bez pokarmu człowiek może przeżyć do 10 tygodni (jeśli ma wodę).

Do żywności dodaje się różnego rodzaju substancje chemiczne, aby poprawić jej smak, wygląd, zmienić kolor, zapach, przedłużyć trwałość. Wiele z nich wycofano już z użytku, inne uznano za niebezpieczne, co oznacza, że stosując je należy zachować ostrożność, gdyż mogą być szkodliwe dla zdrowia.

Czysta żywność — to żywność z produktów powstałych bez używania nawozów sztucznych i środków ochrony roślin.

Zadanie 54. Na podstawie składu umieszczonego na opakowaniu produktu spożywczego wypisz substancje chemiczne użyte do jego produkcji.

Zadanie 55. Na podstawie rysunku (ryc. 99) wymień substancje zanieczyszczające żywność.

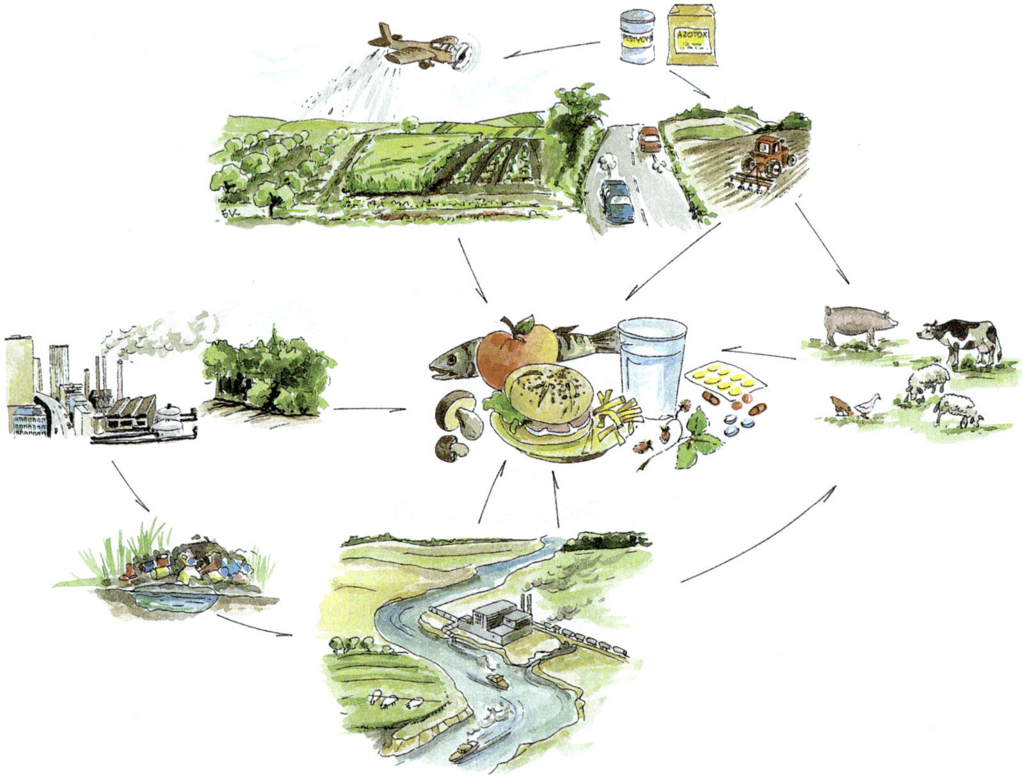

Ryc. 99. Substancje zanieczyszczające żywność

PODZIAŁ POKARMÓW

Mięso, twaróg, jaja, mleko, masło, ryby, tran — to pokarmy **pochodzenia zwierzęcego,** natomiast olej, fasola, kasze — to pokarmy **pochodzenia roślinnego**. Jest to jeden ze sposobów podziału pokarmów.

Zadanie 56. W tabelce zapisz zjedzone dziś produkty pochodzenia roślinnego i zwierzęcego. Podkreśl te, które zjadłeś w stanie surowym.

SKŁADNIKI POKARMOWE I ICH ZNACZENIE DLA ORGANIZMU

Wyróżniamy 6 podstawowych składników pokarmowych. Ze względu na to, którego składnika dany pokarm zawiera najwięcej, mówimy, że jest on źródłem **białek** (mięso, mleko, fasola, groch, soja), **cukrów** (mąka, chleb, cukier, słodycze), **tłuszczów** (masło, olej), **soli mineralnych** (sery żółte, fasola), **witamin** (wątroba, owoce) i **błonnika** (warzywa, otręby zbożowe).

Kolejnym sposobem podziału pokarmów jest podział według zawartości składników odżywczych.

Tabela 5. Wartości odżywcze niektórych produktów

Produkty	**Wartości odżywcze**								
	białko	cukry	błonnik	tłuszcze	sole mineral-ne	witaminy A	witaminy B	witaminy C	witaminy D
zwierzęce:									
jaja	dużo	mało	mało	średnio	średnio	dużo	dużo	mało	średnio
masło	mało	mało	mało	dużo	średnio	dużo	mało	mało	mało
mleko	średnio	średnio	mało	średnio	średnio	dużo	dużo	mało	dużo
ryby	dużo	mało	mało	średnio	średnio	średnio	mało	mało	dużo
sery	dużo	mało	mało	średnio	dużo	średnio	mało	mało	mało
szynka	dużo	mało	mało	dużo	średnio	mało	mało	mało	mało
wieprzowina	dużo	mało	mało	dużo	mało	mało	średnio	mało	mało
wołowina	dużo	mało	mało	mało	mało	mało	mało	mało	mało
roślinne:									
groch, fasola, bób, soja	dużo	dużo	dużo	mało	dużo	mało	dużo	średnio	mało
jabłka, gruszki	mało	średnio	średnio	mało	mało	mało	mało	średnio	mało
kapusta	mało	mało	średnio	mało	średnio	dużo	dużo	dużo	mało
marchew	mało	średnio	średnio	mało	mało	dużo	średnio	średnio	mało
margaryna, olej	mało	mało	mało	dużo	mało	mało	mało	mało	mało
pieczywo białe	mało	dużo	średnio	mało	średnio	mało	mało	mało	mało
pieczywo ciemne	średnio	dużo	dużo	mało	średnio	mało	dużo	mało	mało
pomidory	mało	średnio	średnio	mało	mało	średnio	dużo	dużo	mało
ziemniaki	mało	dużo	średnio	mało	mało	mało	średnio	dużo	mało

Legenda: dużo – czerwony / ciemnozielony; średnio – pomarańczowy / jasnozielony; mało – kremowy / bladozielony

Białka są najważniejszym **materiałem budulcowym** organizmów. Bardzo dużo tego składnika potrzebują dzieci i młodzież w okresie dojrzewania. Źródłem białka są nie tylko mięso, sery, mleko, jaja, ryby, ale również rośliny strączkowe, jak soja, fasola i bób. W naszym żywieniu powinno znajdować się tyle samo białka roślinnego, co i zwierzęcego. Dopiero wówczas komórki otrzymują pełnowartościowy składnik budulcowy.

Ryc. 100. Szynka jest źródłem białka zwierzęcego

Cukry dostarczają naszemu organizmowi energii potrzebnej nam do wykonywania wielu różnych czynności życiowych. Występują w owocach, pieczywie, kaszach. Powinniśmy unikać cukru czystego i słodyczy, gdyż w tej postaci powoduje próchnicę zębów i otyłość. Cukry w zbożu, ziemniakach i owocach występują łącznie z niektórymi witaminami i solami mineralnymi. Ich zużycie w organizmie zachodzi wówczas bez szkodliwego działania.

Tłuszcze, tak jak i cukry, są **składnikiem energetycznym.** Częściej jednak wykorzystywane są jako **materiał zapasowy.** Tłuszcze występują przede wszystkim w maśle i oleju. Tłuszcze roślinne są mniej szkodliwe dla naszego organizmu niż zwierzęce, ale należy pamiętać, że w prawidłowym żywieniu nie może zabraknąć niewielkich ilości masła i śmietany.

Ostatnio coraz częściej wymienia się **błonnik** jako kolejny ważny składnik pokarmów. Jest on cukrem, występuje we wszystkich owocach i warzywach, w razowym pieczywie, kaszach, grochu, fasoli, w otrębach zbożowych. Błonnik nie jest przyswajany przez organizm, ale pomaga **w przesuwaniu się trawionego pożywienia w jelitach, zapobiega zaparciom** (obstrukcji).

Ryc. 101. Dużo błonnika zawiera pieczywo z zawartością otręb zbożowych

Sole mineralne spożywamy wraz z wodą i pożywieniem. Nie dostarczają nam one energii, jak wymienione dotychczas składniki pokarmowe, ale są niezbędne do prawidłowego funkcjonowania organizmu. Na przykład wapń i fosfor pełnią **rolę budulca,** wchodząc w skład kości i zębów.

Ryc. 102. Warzywa i owoce – to źródło witamin i soli mineralnych

Witaminy są bardzo ważnym składnikiem pokarmów. Podobnie jak sole mineralne, nie dostarczają nam energii, ale są nam niezbędne do wzrostu i zachowania zdrowia. Zarówno ich brak, jak i nadmiar (niektórych) w organizmie może powodować choroby. Niektóre witaminy rozpuszczają się w wodzie, niektóre w tłuszczach, dlatego np. do surówek z marchewką należy dodawać olej.

Nazwy „witaminy" po raz pierwszy użył uczony polskiego pochodzenia Kazimierz Funk (1884–1967).

Pokarmy, po strawieniu w układzie pokarmowym, czyli rozłożeniu na prostsze składniki, są dostarczane do komórek, z których zbudowany jest nasz organizm.

Dostarczenie pokarmu każdej żywej komórce nazywamy odżywianiem.

Zadanie 57. Wymień składniki pokarmowe, które znajdowały się w Twoim drugim śniadaniu.

OD CZEGO ZALEŻĄ POTRZEBY POKARMOWE LUDZI ?

Potrzeby pokarmowe ludzi zależą od wielu różnych czynników.

*Ryc. 103. Mieszkamy w **klimacie** umiarkowanym. Zimą potrzebujemy więcej energii. Wolimy zatem zjeść np. kanapki z wędliną niż z dżemem. Latem zaś chętniej jemy owoce, surówki, zupy owocowe niż porcję mięsa*

*Ryc. 104. Potrzeby pokarmowe ludzi zależą również od **płci**: dziewczynki jedzą mniej od chłopców, gdyż zużywają mniej energii*

*Ryc.105. Wymagania pokarmowe zależą też od **wieku** – dziecko zużywa więcej energii niż stary człowiek*

Ryc. 106. Na wymagania pokarmowe wpływa ***rodzaj wykonywanej pracy*** *– ludzie pracujący fizycznie lub sportowcy muszą uzupełniać większe straty energii niż osoby pracujące umysłowo*

Ryc. 107. Nasze potrzeby pokarmowe uzależnione są także od ***stanu zdrowia*** *– dziecko powracające do zdrowia potrzebuje więcej białka, aby odbudować komórki zniszczone przez drobnoustroje, soli mineralnych i witamin, aby procesy odbudowy przebiegały prawidłowo. Musi więc jeść chude wędliny, dużo owoców i jarzyn, i pić mleko.*

Możemy więc powiedzieć, że zróżnicowanie wymagań pokarmowych dotyczy zarówno ilości, jak i jakości spożywanych pokarmów.

Zadanie 58. Dlaczego, mając 10 lat, musisz jeść więcej niż gdy byłeś małym dzieckiem?

ZASADY WŁAŚCIWEGO ŻYWIENIA

Organizm człowieka funkcjonuje prawidłowo, jeśli komórki otrzymują odpowiednią **ilość** pokarmu o odpowiedniej **jakości. Odpowiednia ilość i jakość pokarmu – to dwie główne zasady właściwego żywienia.**

Zgodnie z tymi zasadami:
- Nie przejadaj się!
- Dobieraj właściwe pokarmy!
- Jedz surówki!
- Jedz 4–5 razy dziennie!
- Jedz powoli!

Ryc. 108. Spożywanie dużej ilości tłuszczu i cukru prowadzi do otyłości

Uważa się, że wystarczy w zupełności spożywanie 150 g mięsa i to tylko 5 razy w tygodniu. Owoce i jarzyny lepiej jest jeść w postaci surowej.

Właściwe odżywianie polega również na tym, aby posiłki spożywać każdego dnia o tej samej godzinie.

Najbardziej obfitym posiłkiem powinien być obiad. Niewielką kolację jemy 2 godziny przed snem. Śniadanie powinno być pożywne, szczególnie zimą. W szkole zjadamy drugie śniadanie.

Jeść trzeba powoli, bez pośpiechu, każdy kawałek gryźć dokładnie. W czasie posiłku starajmy się stworzyć miłą atmosferę. Estetyka stołu oraz kulturalne zachowanie się przy stole również jest bardzo ważne.

Czy słyszeliście o wegetarianach? Jest to grupa ludzi, którzy odżywiają się pokarmem roślinnym. Niektórzy jedzą również jaja, mleko, sery, nieliczni ryby. W naszym klimacie ścisły wegetarianizm (spożywanie tylko roślin) nie jest wskazany dla dzieci i młodzieży. Twojemu młodemu organizmowi, który rośnie i rozwija się bardzo intensywnie, białko znajdujące się w mięsie jest bardzo potrzebne. Poza tym brak w pożywieniu białka zwierzęcego, zawierającego witaminę B_{12} oraz żelazo, może doprowadzić do niedokrwistości, czyli inaczej anemii. Natomiast dorośli, spożywający w większej ilości pokarmy roślinne, rzadziej zapadają na choroby serca, raka jelit, cukrzycę, ponieważ ich dieta jest bogata w błonnik, a uboższa w tłuszcze. Wiadomo dziś, że rośliny gromadzą w swoich komórkach mniej związków trujących niż zwierzęta.

Hamburgery, smażona ryba z frytkami, hot dogi, pizza – to bardzo popularne dziś na całym świecie szybkie dania. Zawierają jednak zbyt mało białka i niezbędnych witamin, bogate natomiast są w tłuszcz, cukier i sól, nie mogą zatem stanowić podstawy naszego jadłospisu.

Zadanie 59. Dlaczego powinieneś jeść więcej owoców i warzyw niż słodyczy?

PRZYCZYNY I SKUTKI NIEWŁAŚCIWEGO ŻYWIENIA

Ryc. 109. Te pokarmy jedz

Ryc. 110. Tych produktów unikaj

Jeśli swojemu organizmowi dostarczasz wszystkich składników w odpowiedniej ilości, to należysz do ludzi, którzy są dobrze odżywieni. Jednak większość z nas źle się odżywia. Nie jesteśmy głodni, ale nasze posiłki nie zawierają wszystkich potrzebnych składników. Przyczyną takiego stanu jest niedostatek lub złe przyzwyczajenia w żywieniu.

Niewłaściwe odżywianie powoduje choroby. Te dzieci, które otrzymują małą ilość pokarmu (albo w ich pożywieniu występuje niedobór składników) wolniej się rozwijają, zarówno fizycznie, jak i umysłowo. Atakowane są przez **krzywicę, próchnicę** i **gruźlicę płuc** częściej niż dzieci dobrze odżywione.

Nasz szkielet do prawidłowego rozwoju potrzebuje wapnia i innych soli mineralnych oraz witaminy D. Jeśli ich nie otrzymuje, staje się miękki, podatny na skrzywienia. W wyniku **krzywicy** dzieci mają trwałe zniekształcenia układu kostnego. Z tych samych składników zbudowane są nasze zęby. Brak wapnia i innych soli mineralnych oraz witaminy D powoduje **próchnicę** zębów.

Jeśli człowiek jest niedożywiony, następuje osłabienie organizmu, zanika jego naturalna zdolność obrony przed zarazkami. Człowiek jest bardziej narażony na choroby.

Równie niekorzystny jak brak pokarmów jest ich nadmiar, prowadzący do otyłości. Otyłość sprzyja powstawaniu **cukrzycy** oraz chorobom serca.

STYLE ŻYCIA A ZDROWIE CZŁOWIEKA

WPŁYW ALKOHOLU I NIKOTYNY

Alkohol jest substancją, której używanie powoduje nieodwracalne zmiany w organizmie. Niszczy wątrobę, mózg, serce. Osłabia słuch i wzrok. Ludzie pod wpływem alkoholu nie potrafią kontrolować swoich działań, mają znikomą świadomość tego, co robią; bardzo często są brutalni i agresywni. Nawet niewielka ilość wypitego alkoholu powoduje zakłócenia w funkcjonowaniu naszego organizmu. Wielkie zagrożenie stanowi prowadzenie samochodu po wypiciu alkoholu. Alkohol powoduje uzależnienie, niektórzy ludzie wpadają w nałóg, stają się alkoholikami. Całe ich życie podporządkowane jest piciu alkoholu.

Inny wpływ na zdrowie człowieka ma palenie papierosów. **Nikotyna** i inne związki zawarte w dymie papierosowym powodują raka płuc, choroby serca i obniżają odporność organizmu na choroby. Chłopcy, którzy zaczynają wcześnie palić, są zazwyczaj niskiego wzrostu. Ryzyko zachorowania na raka płuc przez palacza jest prawie 11 razy większe niż dla niepalącego.

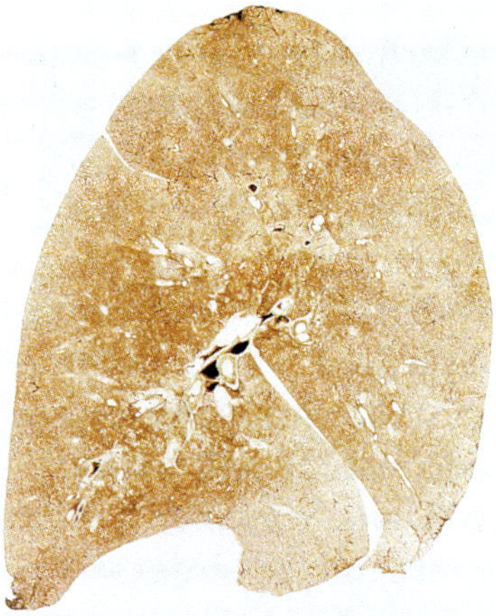

Ryc. 111. Zdrowe płuco ludzkie

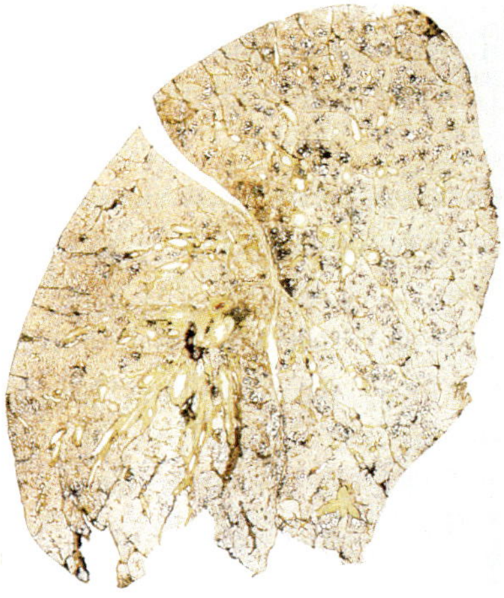

Ryc. 112. Płuco palacza. Ciemne plamki – to skupiska smoły z dymu tytoniowego

Człowiek żyjący w atmosferze dymu tytoniowego wchłania szkodliwe związki w ilości odpowiadającej wypaleniu 5 mocnych papierosów w ciągu dnia.

Osoby niepalące, przebywające w otoczeniu osób palących, są także narażone na uszkodzenie płuc i inne choroby palaczy.

W Polsce od 1997 r. jest zabronione palenie tytoniu w miejscach publicznych (szkołach, szpitalach, supermarketach, windach, biurach). Coraz częstsze są oferty pracy „tylko dla niepalących”.

PRACA I WYPOCZYNEK

Po każdej intensywnej i dłużej trwającej pracy następuje zmęczenie, które powinno zniknąć bez śladu po dobrym odpoczynku. „Jestem zmęczony” — mówisz zarówno wtedy, gdy wracasz po trzygodzinnej wycieczce rowerowej, jak i po 5 godzinach lekcji.

Teraz, gdy pozostajesz w szkole codziennie 5 godzin (a niektórzy z Was chodzą jeszcze do szkoły na drugą zmianę), bardzo często Twój organizm ulega przemęczeniu.

Jak należy postępować, aby nie dopuścić do takiego stanu swojego organizmu? Mówimy, że należy prowadzić **właściwy tryb życia**, to znaczy przestrzegać kilku podstawowych reguł. Oto one:

1. Wstawaj zawsze o tej samej porze, niezależnie od tego, o której godzinie zaczynasz lekcje.
2. Regularnie spożywaj posiłki.
3. Chodź spać o tej samej godzinie. Pamiętaj, że Twój organizm w tym wieku potrzebuje na regenerację sił około 10 godzin.
4. Po przyjściu ze szkoły nie siadaj od razu do odrabiania lekcji. Zajmij się tym, co Ci sprawia przyjemność.
5. Staraj się odrabiać lekcje zawsze o tej samej porze; w ten sposób przyzwyczaisz się do najlepszego skupienia uwagi zawsze o tej porze.
6. Staraj się właściwie odpoczywać!

Ryc. 113. Właściwy tryb życia – to prawidłowy dzienny rozkład zajęć

> **Zadanie 60.** Sporządź własny dzienny plan zajęć, stosując wymienione reguły prawidłowego planowania zajęć.

FORMY ODPOCZYNKU

Najlepszym naturalnym lekarstwem na zmęczenie jest mądry wypoczynek. W zależności od pracy, jaką wykonujemy, powinniśmy wybrać jedną z form wypoczynku: **wypoczynek czynny** lub **bierny**. W czasie odpoczynku czynnego, np. podczas marszu, biegu, pływania, pracują różne grupy mięśni.

Ryc. 114. Jeśli spędziłeś 5 godzin w szkole i 2 godziny na odrabianiu lekcji, to powinieneś czynnie odpocząć, najlepiej na świeżym powietrzu

Pewien lekarz powiedział: „Ruch jest w stanie zastąpić prawie każdy lek, ale wszystkie leki razem wzięte nie zastąpią ruchu".

Pogoda może nam uniemożliwić wyjście na podwórko. Wtedy można w domu przy otwartym oknie wykonać kilka ćwiczeń gimnastycznych, pobudzających inne mięśnie niż te, które „pracowały" podczas siedzenia i pisania

Ryc. 115. Jeśli długi czas spędziłeś na pracy fizycznej, to najlepszą formą odpoczynku będzie forma bierna. Teraz możesz oglądać filmy, posiedzieć przy komputerze, poczytać książkę

Pamiętaj jednak, że częste, krótkie przerwy lepiej regenerują siły niż przerwy rzadkie i długie.

Gdy nasz „zegar biologiczny” wybije godzinę snu, odczuwamy senność i zasypiamy. Jeśli chcesz być w zgodzie z tym zegarem, powinieneś chodzić spać zawsze o tej samej porze, czyli regularnie. Wtedy odnowa Twego organizmu będzie przebiegać prawidłowo i będzie on zdrowy. Po początkowym, płytkim śnie następuje sen głęboki, który jest najważniejszy, ponieważ w tym czasie następuje regeneracja utraconych w ciągu dnia sił. W głęboki sen zapadamy zwykle w 2 godziny po zaśnięciu.

Ryc. 116. Mocny sen to najważniejsza forma codziennego biernego wypoczynku

ZNACZENIE KONTAKTU Z PRZYRODĄ

Wielkie znaczenie dla naszego zdrowia ma wypoczynek na świeżym powietrzu i kontakt z przyrodą. Obecność zieleni, szum wody, szelest liści, śpiew ptaków ma bardzo duży wpływ na nasze samopoczucie. Kontakt z przyrodą przyspiesza regenerację naszego organizmu, usuwa zmęczenie spowodowane stresem, pracą umysłową. Świeże powietrze wzmacnia nasz organizm; stajemy się bardziej odporni, nasze płuca oczyszczają się z zanieczyszczeń.

Ryc. 117. Dla naszej psychiki równie ważne są wrażenia piękna, spokoju i harmonii istniejące w przyrodzie

Zadanie 61. Zastanów się, ile prawdy jest w zdaniu: *Zdrowe środowisko naturalne – zdrowy człowiek.*

CHOROBY ZAKAŹNE I WALKA Z NIMI

ŹRÓDŁA I DROGI SZERZENIA SIĘ CHORÓB ZAKAŹNYCH

Choroby zakaźne powstają na skutek zakażenia się drobnoustrojami – maleńkimi organizmami, niewidocznymi gołym okiem. Należą do nich wirusy i bakterie.

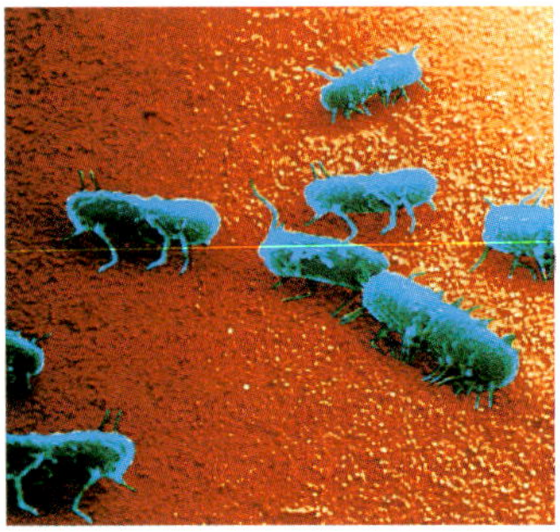

Ryc.118. Bakterie z rodzaju Salmonella

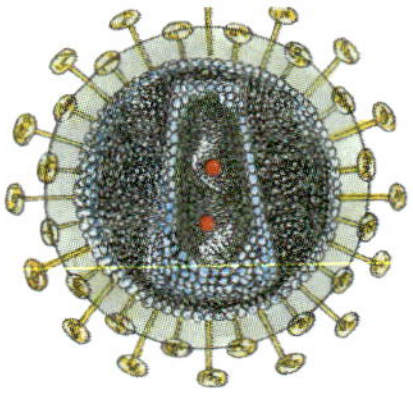

Ryc.119. Wirus HIV

Drobnoustroje mogą dostawać się do naszego organizmu wraz z wodą i pokarmem, wdychanym powietrzem lub przez ranę w skórze.

Na przykład takie choroby, jak: gruźlica, czerwonka, płonica (szkarlatyna), ospa, świnka, odra, grypa roznoszą się **przez bezpośredni kontakt** z chorą osobą. Czasem wystarczy przywitać się z chorym przez podanie ręki, pocałować go, użyć jego kubka, talerza czy ręcznika, aby drobnoustroje wniknęły do naszego organizmu.

Zarazki czerwonki lub żółtaczki zakaźnej przenoszone są **przez pokarm i wodę**.

W powietrzu, zawieszone w kropelkach wydalanych przez kichającego lub kaszlącego człowieka (**droga kropelkowa**), unoszą się zarazki grypy, gruźlicy, odry, płonicy. Czasem wystarczy wejść do pokoju, gdzie chory przebywał, aby się zarazić.

Zwierzęta mogą nas zarazić gruźlicą przez spożycie nie przegotowanego mleka (lub jego przetworów) pochodzącego od chorego bydła. Groźną chorobą przenoszoną przez zwierzęta jest wścieklizna. Wirus wścieklizny przenoszony jest na człowieka w ślinie zwierzęcia, najczęściej na skutek ugryzienia lub niewielkiego zadrapania.

Zadanie 62. Określ źródła i drogi szerzenia się przebytych przez Ciebie chorób zakaźnych.

PRZEGLĄD NAJWAŻNIEJSZYCH CHORÓB ZAKAŹNYCH

Czerwonka, gruźlica, płonica — to choroby wywoływane przez bakterie. Natomiast grypę, żółtaczkę zakaźną, różyczkę, świnkę, ospę wietrzną, odrę i wściekliznę powodują wirusy.

Jeśli z powodu choroby w tym samym czasie brakuje połowy klasy, to mówimy, że mamy do czynienia z epidemią.

Chorobą, która dziś wywołuje groźne epidemie, jest **grypa**. Jest ona chorobą zakaźną, dlatego chorzy nawet podczas lekiego przebiegu powinni pozostawać w domu. Grypa atakuje błonę śluzową dróg oddechowych, powodując stany zapalne, którym towarzyszą bóle kończyn, głowy i gorączka.

Gruźlica jest chorobą, która rozpoczyna się najczęściej w płucach. Nie leczona atakuje inne narządy, np. kości. Zapadają na nią, jak pamiętasz, przede wszystkim ludzie niedożywieni oraz ci, którzy mają osłabioną odporność na zakażenia.

Czerwonka przenoszona jest za pośrednictwem wody, pokarmów i brudnych rąk. Objawia się gorączką i krwawymi biegunkami. Niebezpieczna jest dla małych dzieci, gdyż powoduje odwodnienie organizmu.

Charakterystycznym objawem **żółtaczki** zakaźnej jest żółty kolor skóry i białka oka. Najczęściej przenoszona jest drogą pokarmową i przez bezpośredni kontakt z chorymi.

Wielu z Was chorowało na **różyczkę**. Jej przebieg jest podobny do odry (również rozpoczyna się kaszlem, katarem i gorączką, potem występuje wysypka), ale ma łagodniejszy przebieg. Zarażenie następuje przez bezpośredni kontakt.

Ospa wietrzna jest bardzo zaraźliwa. Objawia się gorączką i bardzo swędzącą wysypką. Zarazki tej choroby rozprzestrzeniają się drogą kropelkową.

Świnka objawia się gorączką i bolesnym obrzmieniem ślinianek przyusznych. Zarażenie następuje przez bezpośredni kontakt.

Zadanie 63. Na podstawie przeprowadzonego wywiadu i własnej książeczki zdrowia porównaj choroby zakaźne przebyte przez dziadków, rodziców, Ciebie i Twoje rodzeństwo.

OCHRONA PRZED CHOROBAMI ZAKAŹNYMI

Co należy robić, aby nie ulec zarażeniu chorobami zakaźnymi? Przede wszystkim należy wodę i mleko pić przegotowane, myć bardzo dokładnie owoce, jarzyny, ręce przed posiłkiem oraz po wyjściu z toalety. Nie należy przebywać w pomieszczeniu, w którym leży chora osoba, należy wietrzyć często mieszkanie. Trzeba starać się oddychać przez nos, który ma za zadanie wychwytywanie zarazków. Powinniśmy unikać kontaktów z nieznanymi zwierzętami, a także myć ręce po zabawie z własnym pupilem.

Czy zastanawialiście się, dlaczego Maciek nie opuścił jednego dnia szkoły, a Agata co tydzień jest chora? Dlaczego Marta była chora na odrę, świnkę, różyczkę, ospę wietrzną, a Bartek nie zaraził się żadną z nich? Otóż każdy z nas ma inną odporność, czyli zdolność organizmu do obrony przed drobnoustrojami. Z odpornością na jedne choroby przychodzimy na świat, natomiast odporność na inne choroby nabywamy poprzez szczepionki.

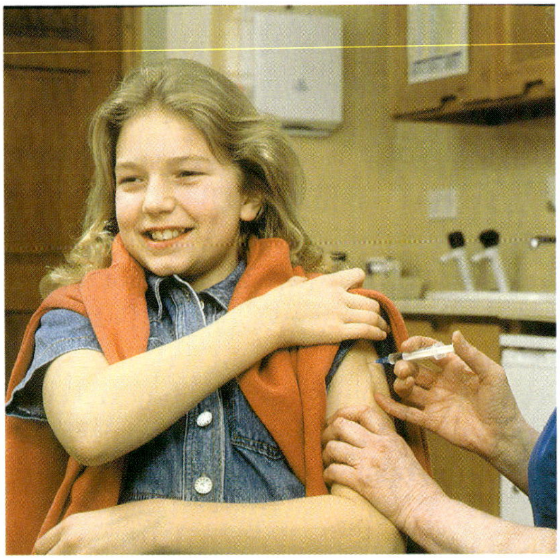

Ryc. 120. Szczepienia chronią Twój organizm przed chorobami zakaźnymi

Jednym ze sposobów zwalczania chorób zakaźnych jest **izolowanie** chorych. W ten sposób nie dopuszczamy do rozprzestrzeniania się zarazków.

Walka z chorobami zakaźnymi polega również na ochronie człowieka przed wnikaniem zarazków. W tym celu stosujemy odpowiednie zabiegi odkażające, np. mama wodą utlenioną dezynfekuje skaleczenie, proszki służące do mycia muszli klozetowych zawierają środki dezynfekujące (chlor), woda do picia też jest chlorowana. W szpitalach wyjaławia się narzędzia chirurgiczne. Powszechnie stosuje się igły i strzykawki jednorazowe.

Zadanie 64. Sprawdź w książeczce zdrowia, przeciwko którym chorobom zostałeś zaszczepiony. W rubrykach znajdziesz nazwy chorób oraz daty wykonania szczepień.

Zadanie 65. W jaki sposób możesz się ustrzec przed zarażeniem chorobą zakaźną?

5. ROZMNAŻANIE SIĘ CZŁOWIEKA

JAK ROZMNAŻAJĄ SIĘ ORGANIZMY?

Każdy z nas musi pobierać pokarm, tlen, ale czy każda istota musi się rozmnażać, aby móc żyć? Przecież nie wszystkie małżeństwa mają dzieci, wielu ludzi jest samotnych, a mimo to żyją. Komu wobec tego potrzebna jest zdolność rozmnażania? Jak wiesz, wszystkie organizmy kiedyś umierają. **Rozmnażanie,** czyli **zdolność do wydawania potomstwa na świat**, jest warunkiem istnienia organizmów żywych.

W przyrodzie spotykamy organizmy rozmnażające się bezpłciowo i płciowo.

W **rozmnażaniu bezpłciowym** jeden organizm daje początek dwu lub większej liczbie potomków takich samych jak on. Wiele roślin i prostych organizmów zwierzęcych rozmnaża się w ten sposób.

Ryc. 121. Poziomka wytwarza rozłogi, na których końcu powstaje nowa, identyczna roślina

Rozmnażanie płciowe występuje niemal u wszystkich zwierząt i wielu roślin. Polega ono na połączeniu się dwóch komórek rozrodczych — komórki jajowej i plemnika. Połączenie to nosi nazwę zapłodnienia.

Rodzice Dzieci Rodzice i dzieci

Ryc. 122. Rozmnażanie płciowe występuje zarówno w świecie roślin, jak i zwierząt. Osobniki potomne mają cechy obojga rodziców

W rozmnażaniu zwierząt zazwyczaj biorą udział dwa osobniki — samica i samiec, czyli dwie płcie. Samice produkują komórki jajowe, natomiast samce — plemniki.

Rozmnażanie płciowe u zwierząt może przebiegać w różny sposób. Jedne zwierzęta składają jaja i wtedy rozwój zarodka odbywa się poza organizmem rodzicielskim. Są to zwierzęta **jajorodne**. Jaja zwierząt jajorodnych zawierają wszystkie substancje odżywcze potrzebne do rozwoju zarodka.

Ryc. 123. Ptaki są zwierzętami jajorodnymi

Należy do nich większość organizmów zwierzęcych dobrze Ci znanych, jak owady, ryby, ptaki — a może potrafisz wymienić jeszcze inne?

Jeśli młody organizm rozwija się z zapłodnionej komórki jajowej w organizmie matki, z którego czerpie składniki odżywcze, to takie zwierzęta nazywamy **żyworodnymi**.

Do nich należą prawie wszystkie ssaki.

Ryc. 124. Ssaki są zwierzętami żyworodnymi

Ci z Was, ktorzy mają akwaria, widzieli niejednokrotnie, że niektóre rybki, np. mieczyki czy gupiki, „rodzą" młode. Czy są to zwierzęta żyworodne? Otóż nie, w przypadku tych zwierząt jaja są zatrzymywane w drogach rodnych samicy i tam się rozwijają (głównie dla ochrony przed drapieżnikami). Młode opuszczają organizm matki wtedy, kiedy mogą już o siebie zadbać. Są to zwierzęta **jajożyworodne**.

BUDOWA I ROLA KOMÓREK ROZRODCZYCH CZŁOWIEKA

Ludzie również rozmnażają się płciowo. Kobieta i mężczyzna — to dwie płcie — żeńska i męska. W organizmie kobiety dojrzewają komórki jajowe, a w organizmie mężczyzny wytwarzane są plemniki. W wyniku połączenia się tych dwóch komórek rozrodczych, czyli zapłodnienia, powstaje nowe życie.

W odróżnieniu od jaj ptaka, zaopatrzonych w dużą ilość materiału zapasowego (żółtko), komórka jajowa człowieka jest bardzo maleńkim kulistym tworem. Wszystkie komórki jajowe, z których powstała obecna ludność świata, jak kiedyś obliczono, z łatwością zmieściłaby się w kapeluszu–cylindrze. Plemniki potrzebne do ich zapłodnienia zapełniłyby naparstek.

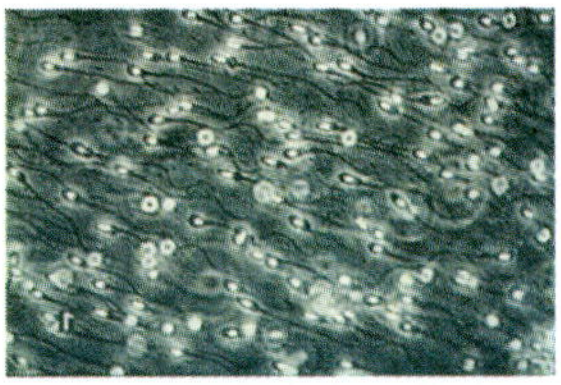

Ryc. 125. Plemniki

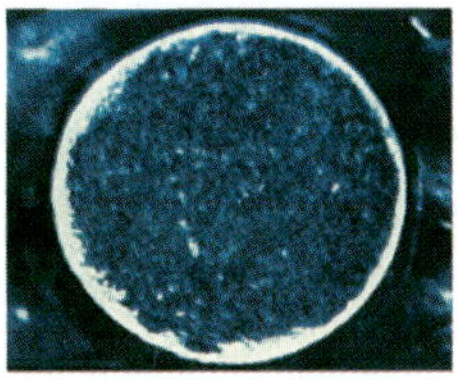

Ryc. 126. Komórka jajowa

Plemnik składa się z główki i długiej witki, za pomocą której dostaje się do komórki jajowej. Jest od niej dużo mniejszy. Na wagę trzeba by położyć 90 000 plemników, by zrównoważyć jedną komórkę jajową.

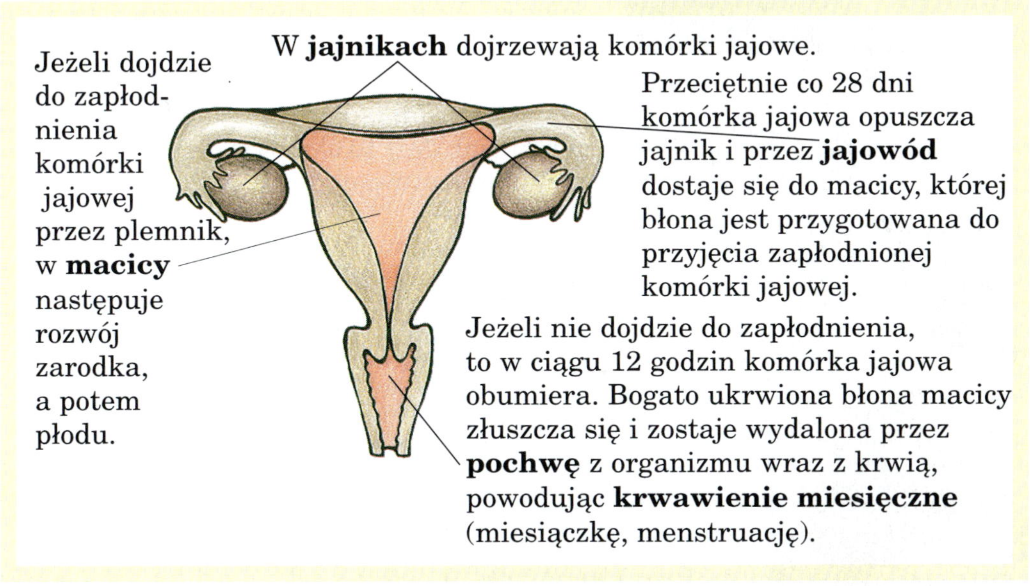

Ryc. 127. Żeńskie narządy płciowe i ich funkcje

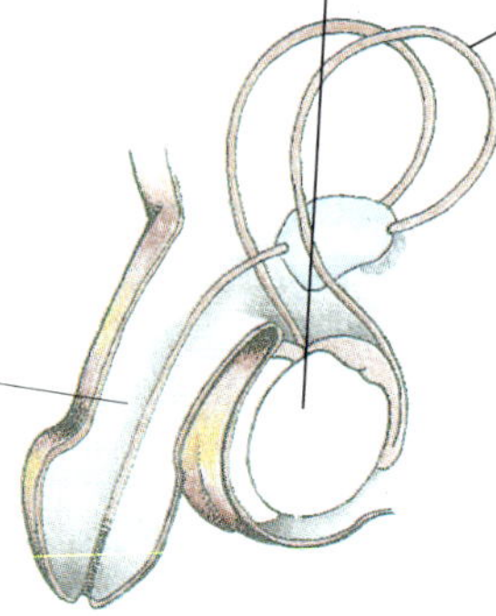

Ryc. 128. Męskie narządy płciowe i ich funkcje

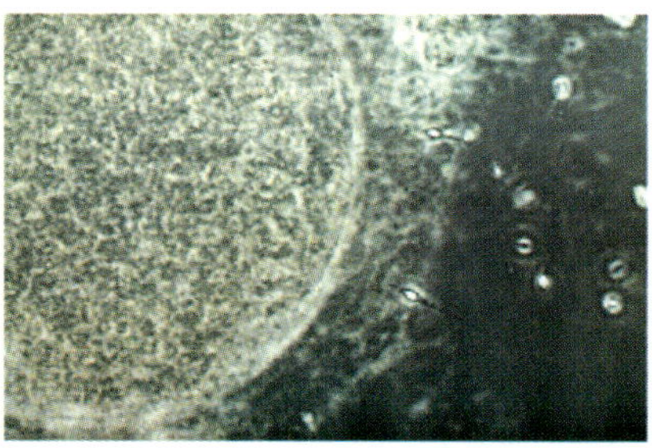

Ryc. 129. Plemniki zbliżają się do komórki jajowej. Tylko jeden z nich wnika do komórki jajowej. Następuje zespolenie komórki jajowej i plemnika, zwane zapłodnieniem

Zapłodniona komórka jajowa zostaje otoczona błoną śluzową macicy i zarodek, a potem płód, będzie się w niej rozwijał. Jest to okres ciąży, który trwa do chwili wyjścia dziecka na świat, czyli momentu porodu.

Ryc. 130. Po ok. 9 miesiącach ciąży dziecko przychodzi na świat

ROZWÓJ ZARODKOWY I PŁODOWY

Bardzo rzadko matka wie, że jest już w ciąży...

...Mamo, mamo, czy Ty wiesz, że wczoraj do Twojej komórki jajowej dotarł plemnik Taty?! Dziś jestem już komórką, która się dzieli. Staczam się powoli w dół, jest ciemno, boję się!... Czy lubisz owoc morwy? Bo ja właśnie tak dzisiaj wyglądam. Który to już dzień, jak istnieję? Chyba trzeci. Ojej, ale tu miękko i ciepło. Czy wiesz, gdzie teraz jestem?...

Zaraz, zaraz, już wiem, coś mnie z Tobą zaczyna łączyć... Wiesz, to co mi dajesz, jest bardzo dobre... Czy chcesz wiedzieć, jak teraz wyglądam? Jestem wielkości główki szpilki, zanurzony w warstwie śluzówki macicy, moje i Twoje naczynia krwionośne się posplatały i utworzyło się łożysko. Jestem z nim połączony pępowiną. Właśnie dostarczyła mi coś bardzo pysznego od Ciebie – pokarm i tlen. Nie bój się o mnie, nic mi się nie stanie, pływam sobie w wodzie otoczony błoną płodową. ...

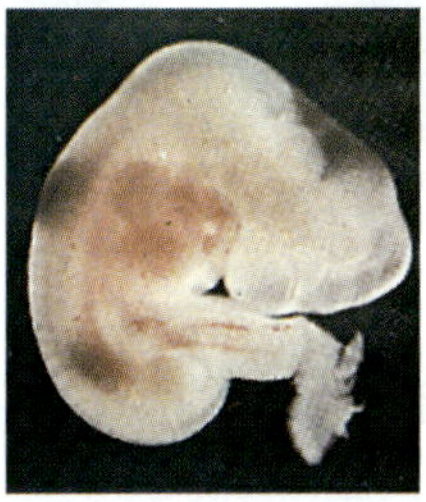

*Mamo, dziś mam **24 dni**, czy słyszysz, jak mocno bije moje serce? Co prawda mam tylko **4 mm długości**, ale chyba urosnę. ...Ty chyba jeszcze nie wiesz, że ja już jestem, inaczej byś nie siedziała w tym zadymionym pokoju. Czy wiesz, że o mało co, a byś mnie udusiła!... Zdaje się, że zaczęłaś się domyślać mojej obecności. Powinna być miesiączka, a jej nie było i nie będzie, bo teraz ja tu jestem. Mam już przecież **5 tygodni, 8 mm długości** i ważę **0,03 g**. Mam już coś w rodzaju rąk i nóg. ...*

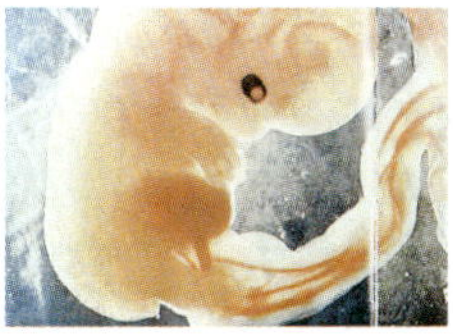

*Proszę mnie od dziś nie nazywać zarodkiem. Moje ciało zupełnie już przypomina istotę ludzką. Mam już **9 tygodni**, ręce, nogi, oczy i wszystkie narządy, które powinienem mieć. Nie wiem tylko, czy byś wolała, abym był chłopcem, czy dziewczynką. Dziś stwierdziłem, że jestem osobnikiem płci męskiej wzrostu 4 cm i wagi 4 g. Ale ze mnie kolos, no nie?...*

*Mamo, chcę Ci bardzo podziękować za to, co mi dajesz. To coś jest tak dobre i pożywne, że szybko rosnę i zaczynam mieć więcej siły. Potrafię poruszać rękami i nogami i choć mam już 6,3 cm wzrostu i ważę 9,5 g, to pewnie jeszcze mnie nie czujesz. Mam dopiero **11 tygodni.** ...Czy wiesz, że właśnie pogładziłaś moją nóżkę? Cały czas systematycznie ćwiczę, ale jakoś trochę zrobiło się ostatnio ciaśniej i wiem, że Ciebie kopnąłem. Myślałem, że się będziesz gniewać, a Ty bardzo delikatnie pomasowałaś to miejsce.*

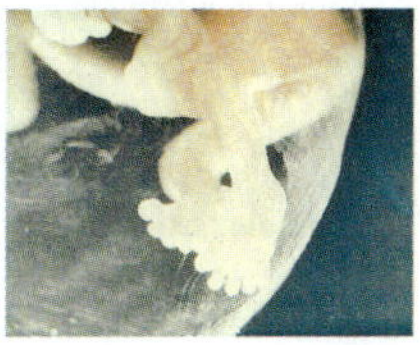

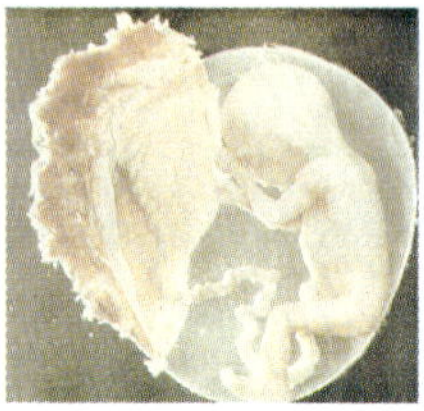

...Nie bój się, mam już ***4 miesiące,*** *16 cm wzrostu i ważę 100 g. ...Czy wiesz mamo, co teraz robię? Ssę kciuk. Nie szło mi to z początku dobrze, ale teraz coraz lepiej. Muszę przecież nauczyć się, jak należy od Ciebie brać po urodzeniu pokarm. Hm, mam nadzieję, że się dobrze odżywiasz i sama mnie będziesz karmić piersią, a nie butelką.*

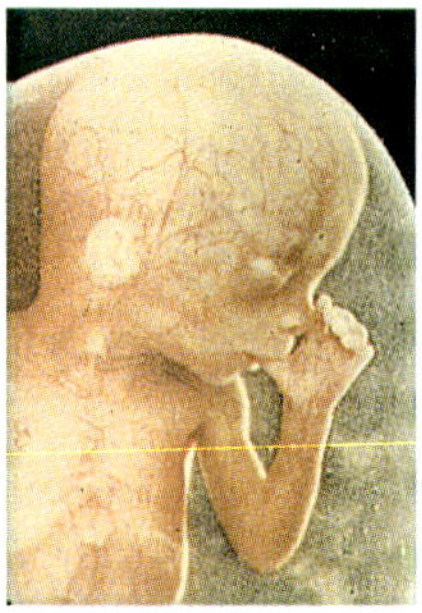

Dziś liczę ***18 tygodni,*** *mam już 20 cm długości i ważę 200 g. ...Nie wiem, czy teraz Ci się będę podobał. Jestem cały pokryty włosami, choć wcale nie było mi zimno.*

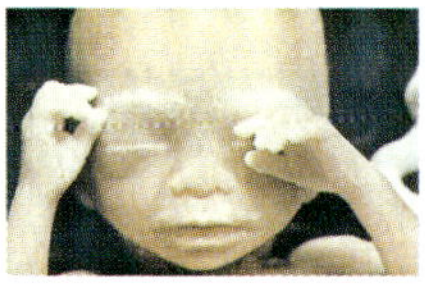

Melduję posłusznie, że wszystkie narządy mam już wytworzone, czuję się dobrze, ale lepiej uważaj, nie wiem, czy dałbym radę żyć samodzielnie, bez Ciebie. Za mało ważę, tylko 600 g, choć mam 30 cm długości i ***22 tygodnie...***

...Mamo, Tato, jesteście kochani. Dziś usłyszałem, jak mówiliście o mnie. Tata powiedział, że chciałby mieć synka, a Ty, że Ci wszystko jedno, bylebym był zdrowy! Tak samo będziesz kochała synka i córeczkę! Jaka szkoda, że nie mogłem Wam powiedzieć, że jestem zdrowym chłopcem! Musicie poczekać jeszcze 6 tygodni. Na razie szybko rosnę, odkładam tkankę tłuszczową, dzięki czemu mam coraz bardziej wygładzoną skórę. Włosy zostały mi tylko na głowie. Całkiem ze mnie przystojny chłopak! Po raz ostatni melduję: mam już 33 cm wzrostu i ważę, ho, ho!, 2200 g. Zrobiło mi się ciasno. Muszę się jeszcze tylko uodpornić na te choroby, które czekają na mnie na świecie...

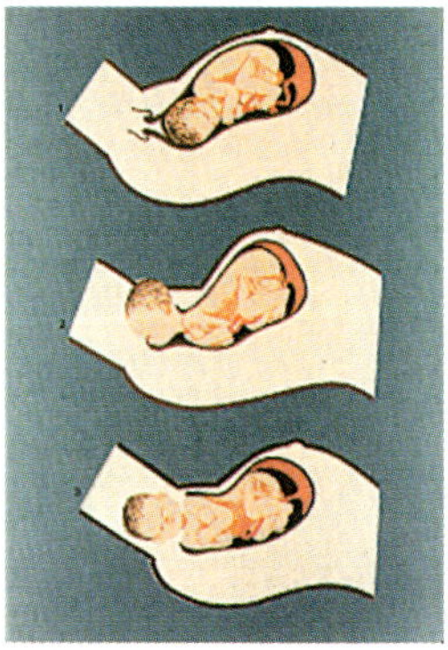

Mamo, mamo, pospiesz się, ja już muszę Ciebie opuścić, już mija ***dziewiąty miesiąc,*** *jak tu zamieszkałem. Ja chcę Ciebie i Tatę zbaczyć, ...pomóż mi, bo sam nie dam rady. Uważaj! Wychodzę!... Witajcie, to ja, Wasz syn! Jak Wam się podobam?*

ETAPY ROZWOJU DZIECKA

Oczekiwani, przyszliście na świat. Pierwszy okres w Waszym życiu — noworodkowy — był bardzo ciężki. Musieliście przystosować do nowych warunków życia, dlatego wymagaliście bardzo troskliwej opieki.

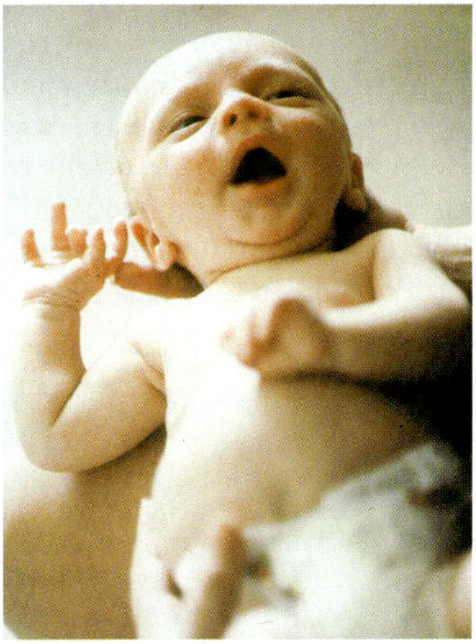

*Ryc.131. W okresie **noworodkowym**, trwającym **4 tygodnie**, budziliście się tylko po to, aby coś zjeść*

W następnym okresie — **niemowlęcym**, który trwa **przez pierwszy rok** życia, bardzo szybko rośliście i przybywaliście na wadze. Stawaliście się coraz bardziej ruchliwi, zaczynaliście siadać i stać. Z początku niezdarnie staraliście się chwytać zabawki, potem szło Wam to już coraz sprawniej. Pod koniec tego okresu mieliście już pierwsze zęby i wymawialiście pełne słowa.

Ryc. 132. Pod koniec okresu niemowlęcego mieliście już pierwsze zęby

W okresie **poniemowlęcym**, trwającym **do trzeciego roku życia**, doskonaliliście umiejętność chodzenia, umieliście wypowiadać całe zdania, sygnalizowaliście potrzeby fizjologiczne.

Ale byliście samotnikami, nie umieliście jeszcze bawić się wspólnie z rówieśnikami. Tę umiejętność osiągnęliście w **okresie przedszkolnym (do szóstego roku życia)**.

W tym okresie byliście wszystkiego bardzo ciekawi, zadawaliście wiele pytań, stawaliście się coraz bardziej samodzielni. Następował szybki rozwój układu ruchu, czyli mięśni i szkieletu. Pod koniec tego okresu pojawiały się pierwsze zęby stałe.

Ryc. 133. W okresie poniemowlęcym byliście samotnikami, nie umieliście jeszcze wspólnie się bawić

Ryc. 134. Umiejętność wspólnej zabawy osiągnęliście w okresie przedszkolnym

Obecnie jesteście jeszcze w **wieku szkolnym,** ale powoli wchodzicie w **okres dojrzewania.** Zaczniecie szybko rosnąć i proporcje ciała, do tej pory bardzo harmonijne, zmienią się. Powoli zaczynacie się od siebie bardzo różnić — przystosowujecie się bowiem do roli właściwej każdej płci.

Ryc. 135. Skończył się Wasz beztroski okres życia. Rozpoczęliście naukę w szkole

JAK SIĘ ZMIENIASZ W OKRESIE DOJRZEWANIA?

Pierwsze zmiany u **dziewcząt**, świadczące o wejściu w **okres dojrzewania**, pojawiają się **między 10 a 16 rokiem życia.** Najpierw zauważamy owłosienie pod pachami i wokół narządów płciowych. Gruczoły piersiowe powiększają się i stają się bolesne przy dotknięciu. Zaokrąglają się biodra. Pojawia się pierwsze krwawienie miesiączkowe, które na początku nie musi być regularne. Dziewczęta, jeśli nie chcą być tą sytuacją zaskoczone, powinny zapytać mamę o datę jej pierwszej miesiączki. Bardzo często córka dojrzewa w tym samym wieku, w którym dojrzewała jej matka.

Chłopcy wchodzą w **okres dojrzewania** później niż dziewczęta, w wieku **13–18 lat.** Z początku pojawia się owłosienie wokół narządów płciowych. Chłopcy zaczynają bardzo szybko rosnąć i rosną dłużej niż dziewczęta. Ich barki się rozrastają. Zaczynają przechodzić mutację, czyli zmianę wysokości i skali głosu. Pojawia się zarost na twarzy. Powoli następuje zakończenie **rozwoju fizycznego**, który może trwać do 25 roku życia.

Ryc. 136. Na rozwój fizyczny mają duży wpływ takie czynniki, jak: uprawianie sportu, praca fizyczna, właściwe odżywianie, prawidłowy odpoczynek

W okresie dojrzewania bardzo ważne jest przestrzeganie higieny. Powinieneś regularnie chodzić spać, odpowiednio się odżywiać. Pamiętaj o utrzymaniu higieny osobistej, bo wzmożone w tym okresie wydzielanie potu staje się uciążliwe dla otoczenia. Trzeba mieć zawsze czystą koszulkę i spodenki na wf, nie chodzić cały czas w jednych butach. Dziewczęta, które już miesiączkują, powinny szczególnie dbać o higienę w tym czasie.

Rys.137. Codzienne mycie ciała powinno być nawykiem

Gdy dziewczynka osiągnie dojrzałość płciową, jej rozwój fizyczny nie jest jeszcze dostateczny, aby mogła zajść w ciążę bez szkody dla siebie i rozwijającego się dziecka. Chłopcy w momencie osiągnięcia dojrzałości płciowej są już zdolni do zapłodnienia kobiety.

Osiągnięcie dojrzałości płciowej i fizycznej nie oznacza wcale, że jesteśmy już ludźmi dorosłymi, że wiemy, jak w każdej sytuacji należy się zachować, potrafimy przewidzieć skutki swojego postępowania, umiemy dawać innym, a nie tylko brać, czyli że osiągnęliśmy dojrzałość psychiczną.

Największe niebezpieczeństwo niosą dzisiaj nieprzemyślane, zbyt wcześnie podejmowane kontakty seksualne. Wiążą się bowiem z niebezpieczeństwem zarażenia chorobami wenerycznymi i AIDS.

AIDS — zespół nabytego upośledzenia odporności — jest dziś chorobą nieuleczalną, coraz bardziej szerzącą się w świecie. W wyniku działania powodującego ją wirusa HIV człowiek zostaje pozbawiony naturalnej odporności. Jest wtedy podatny na choroby, przed którymi zdrowy organizm może się obronić..

Ryc. 138. Białe ciałka krwi (tu oznaczone kolorem zielonym) zaatakowane przez wirusy HIV (czerwone)

Wirus HIV jest przenoszony przede wszystkim **w czasie kontaktów płciowych** z zarażoną osobą. Jeśli zachowamy wszystkie wskazania higieny, to nie zarazimy się tą chorobą ani przez używanie tych samych naczyń, ani przez dotknięcie klamki, na której spoczywała ręka osoby zakażonej, ani w basenie. Dlatego traktujmy nosicieli HIV jak ludzi, pozwalajmy im żyć wśród nas! Nie muszą przecież nikogo zarazić, jeśli zachowamy reguły higieny.

Osiągnięcie dojrzałości psychicznej związane jest z atmosferą domu rodzinnego, z nabyciem odpowiedniej wiedzy, nawyków kulturalnych.

Człowiekowi do prawidłowego rozwoju potrzebne jest **poczucie bezpieczeństwa, więzi rodzinnej, akceptacji i miłości.** Te potrzeby mogą być zaspokojone tylko w rodzinie, która jest podstawą istnienia i rozwoju społeczeństwa.

Ryc. 139. Życie w rodzinie — to wspólne życie rodziców i dzieci. To wspólne posiłki, wspólne spędzanie wolnego czasu, wspólna zabawa i... wspólne obowiązki

Jeśli czujecie się w swojej rodzinie dobrze, to znaczy, że taką atmosferę rodzice potrafili Wam — dzieciom — stworzyć. Wasze potrzeby dotyczące więzi rodzinnej, miłości i poczucia bezpieczeństwa zostały zaspokojone. Jako małe dzieci ze względu na swoją niezaradność byliście tymi, którzy wszystko brali. Dziś, kiedy dorastacie, uczycie się coraz więcej z siebie dawać.

Nie zawsze atmosfera domowa potrafi zaspokoić Waszą wrodzoną potrzebę miłości, akceptacji i poczucia bezpieczeństwa.

W dzisiejszym świecie często się zdarza, że każdy z członków rodziny je posiłek o innej porze, każdy sam spędza wolny czas i zajmuje się tylko własnymi sprawami, to powoduje osłabienie więzi rodzinnych. Jej członkowie nie zawsze mogą liczyć na wzajemną pomoc. Ten brak więzi rodzinnej powoduje, że dzieci zapominają o swych rodzicach, zostawiając ich bez opieki, gdy są starzy, mniej sprawni, chorzy. A przecież to też od Was zależy, aby ta więź rodzinna była jak najsilniejsza. To Wy, pomagając rodzicom w domowych obowiązkach i rozmawiając z nimi o wszystkich problemach, zarówno własnych, jak i rodzinnych, stwarzacie możliwość wzajemnego kontaktu, zbliżenia i zrozumienia, że dawanie — to chęć czynienia dobra drugiej osobie.

Ryc. 140. Rodzina powinna być związkiem ludzi kochających się, żyjących w zgodzie i wspólnie wychowujących dzieci

Zadanie 66. Wymień swoje działania, które sprzyjają powstawania więzi rodzinnej w Twojej rodzinie.

6. CZŁOWIEK I JEGO DZIAŁALNOŚĆ

ZABUDOWANIA I DROGI NA WSI

Niektórzy z Was mieszkają na wsi, inni w mieście. Ale najważniejszym miejscem dla człowieka jest dom. W domu czujesz się bezpiecznie, odpoczywasz, śpisz, spożywasz posiłki, przyjmujesz gości itp. Niektórzy ludzie również w domu pracują zawodowo.

Ludzie na wsi mieszkają najczęściej w jednorodzinnych domach parterowych lub piętrowych, w pobliżu których znajdują się zazwyczaj zabudowania gospodarskie, takie jak obory i chlewy dla zwierząt hodowlanych, stodoły i magazyny do przechowywania płodów rolnych, zboża, owoców itp. Wokół domów zakłada się też ogródki kwiatowe, warzywniki i sady przydomowe na własne potrzeby. **Wieś** – to osiedle złożone z zabudowań mieszkalnych i gospodarskich.

Ryc. 141. Wieś o zabudowie zwartej – Chochołów w województwie małopolskim. We wsiach o zwartej zabudowie łatwiej jest przeprowadzić drogi, wodociągi, linie elektryczne i telefoniczne oraz gaz

Drogi główne, łączące wsie z miastami, służą między innymi do przewozu żywności ze wsi do miast. Mają one zazwyczaj utwardzone nawierzchnie, np. asfaltowe. Jednak wiele dróg na wsi — to drogi gruntowe, trudne do pokonania podczas niepogody lub roztopów.

Ryc. 142. Wieś o zabudowie rozproszonej

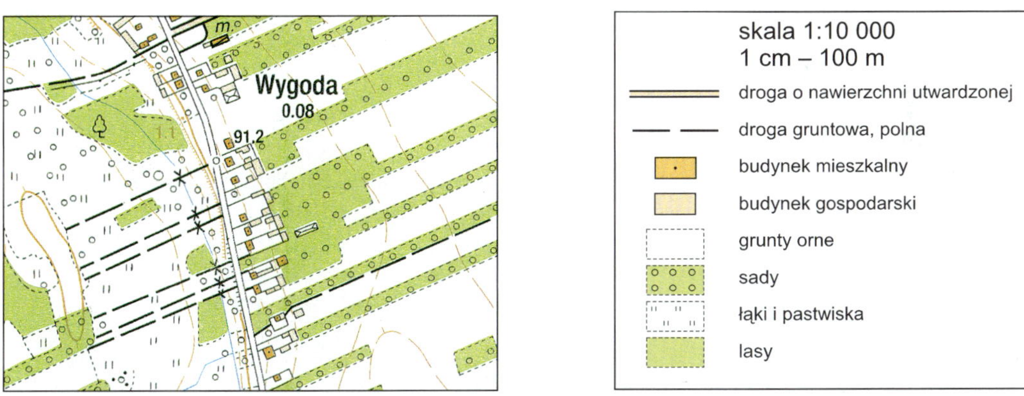

Ryc. 143. Część wsi Wygoda w województwie mazowieckim

Zadanie 67. Opisz znaną Ci wieś. W opisie uwzględnij rodzaje zabudowy, dróg, rodzaje usług, zatrudnienie mieszkańców, źródła wody pitnej.

Zadanie 68. Na podstawie mapy (ryc. 143) wymień rodzaje dróg i omów ich układ w stosunku do wsi.

PRACA LUDZI NA WSI

Głównym zajęciem ludności wiejskiej jest **rolnictwo, to znaczy uprawa roślin i hodowla zwierząt.** Rolnictwo dostarcza pokarmów pochodzenia roślinnego i zwierzęcego, niezbędnych do wyżywienia ludności całego kraju.

Użytki rolne
- grunty orne
- sady i plantacje
- łąki i pastwiska

Na terenach o dobrych glebach (ryc. 144), uprawia się zboża, warzywa, rośliny pastewne i przemysłowe. Zboża i warzywa są najważniejszymi **roślinami żywieniowymi.** W każdym naszym posiłku znajdują się produkty pochodzące z tych roślin: chleb, kasze, makarony, ziemniaki, jarzyny. **Rośliny pastewne,** np. koniczyna, buraki pastewne, kukurydza, służą jako pasza dla zwierząt hodowlanych. **Rośliny przemysłowe** są przetwarzane w zakładach przemysłowych, np. buraki cukrowe na cukier, rzepak i słonecznik na olej, len na włókno służące do wyrobu tkanin.

Ryc. 144. ***Grunty orne*** *na terenie Niecki Nidziańskiej. Uprawia się tu zboża, warzywa, rośliny pastewne i przemysłowe*

W **sadach** (ryc. 145) uprawia się drzewa owocowe (jabłonie, śliwy, grusze, morele, czereśnie, wiśnie) i krzewy owocowe (porzeczki, agrest, maliny). Na **plantacjach** w Polsce uprawia się chmiel, tytoń i czasami winogrona.

Ryc. 145. Kwitnący sad w ważnym rejonie sadowniczym – w okolicach Grójca pod Warszawą

Pastwiska (ryc. 146) służą do wypasu zwierząt, szczególnie bydła, koni i owiec. Na **łąkach** rosną głównie trawy i zioła. Rośliny te w postaci siana są w zimie pokarmem dla zwierząt.

Ryc. 146. Pastwisko na skraju Puszczy Kampinoskiej

Na polu uprawnym występuje zazwyczaj tylko jedna uprawiana roślina. Często towarzyszą jej te, które człowiek uważa za niepożądane. I tak w zbożach możecie spotkać np. chabry, maki i kąkole.

Ryc. 147. Chabry

Ryc. 148. Maki

Z polem związane są określone zwierzęta. Jedna grupa — to szkodniki, np. stonka ziemniaczana, bielinek kapustnik, pędraki (larwy chrabąszcza), nornica. Druga grupa — to sprzymierzeńcy człowieka. Są to przede wszystkim: bażanty, kuropatwy, skowronki, gawrony, szpaki — ptaki zjadające owady szkodniki.

Zadanie 69. Odczytaj z mapy „Polska — mapa rolnictwa" w atlasie „Krajobrazy Polski", jaki rodzaj użytkowania ziemi przeważa w okolicy Twojej miejscowości.

Zadanie 70. Sprawdź na mapie szczegółowej (str. 91), jak są zaznaczone tereny rolnicze przedstawione na zdjęciach, czyli grunty orne, sady oraz łąki i pastwiska.

KRAJOBRAZ ROLNICZY WYŻYNY LUBELSKIEJ

Wyżyna Lubelska leży między Wisłą i Bugiem, a przez jej środek płynie rzeka Wieprz – prawy dopływ Wisły. Na Wyżynie Lubelskiej przeważają tereny pagórkowate i faliste (ryc. 149).

Ryc. 149. Falisty, rolniczy krajobraz Wyżyny Lubelskiej

Duże obszary tej krainy pokrywa gruba warstwa lessu. **Less** jest porowatą skałą o żółtej barwie, zbudowaną z bardzo drobnych okruchów skalnych, głównie kwarcu. Na lessie wytworzyły się żyzne, przewiewne, pulchne i dobrze nawodnione gleby.

Najżyźniejsze z nich, o dużej zawartości próchnicy, to **czarnoziemy.** Na glebach tych uprawia się rośliny o dużych wymaganiach pokarmowych, takie jak pszenica i buraki cukrowe.

Ryc. 150. Czarnoziem ma grubą warstwę żyznej próchnicy. Próchnica – to wierzchnia warstwa gleby o ciemnej barwie. Powstaje z resztek roślin i zwierząt rozkładanych przez organizmy glebowe

Żyzne gleby i dogodne warunki klimatyczne sprzyjały od wieków rozwojowi rolnictwa na Wyżynie Lubelskiej. Wcześnie wycięto tu lasy, a na ich miejsce powstały pola uprawne. Do dziś jest to jeden z najważniejszych regionów rolniczych Polski (o krajobrazie znacznie przekształconym przez człowieka).

Najważniejszymi roślinami, stanowiącymi podstawę wyżywienia ludności naszego kraju, są rośliny zbożowe: **pszenica** (ryc. 151), **owies** (rys. 152), **jęczmień** (ryc. 153) i **żyto** (ryc. 154). Najważniejsza z nich – pszenica używana jest do wyrobu mąki i kaszy, a słoma i ziarno jako pasza w hodowli zwierząt.

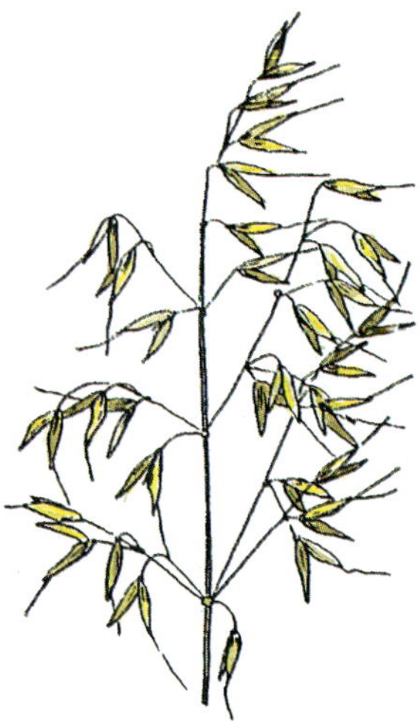

Ryc. 152. Owies

Ryc. 153. Jęczmień

Ryc. 151. Pszenica

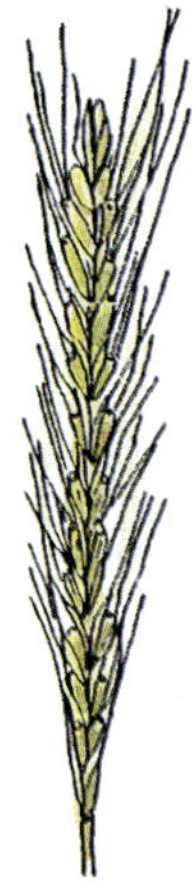

Ryc. 154. Żyto

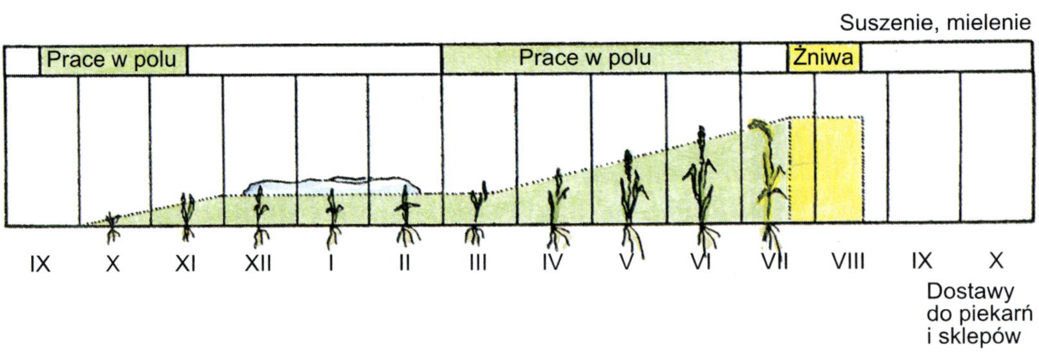

Ryc. 155. Od pszenicy do chleba. Odczytaj ze schematu, ile miesięcy upływa od zasiania pszenicy do zbiorów i do wyprodukowania mąki

Ważną rośliną żywieniową są również **ziemniaki** (ryc. 157). Uprawiane są tu też **buraki cukrowe** (ryc. 156), z których wyrabiany jest cukier, a odpady (wysłodki) przeznacza się dla bydła. Więcej dni słonecznych niż w innych częściach kraju sprzyja uprawie roślin potrzebujących dużego nasłonecznienia, takich jak tytoń i chmiel.

Ryc. 156. Burak cukrowy

Ryc. 157. Ziemniaki

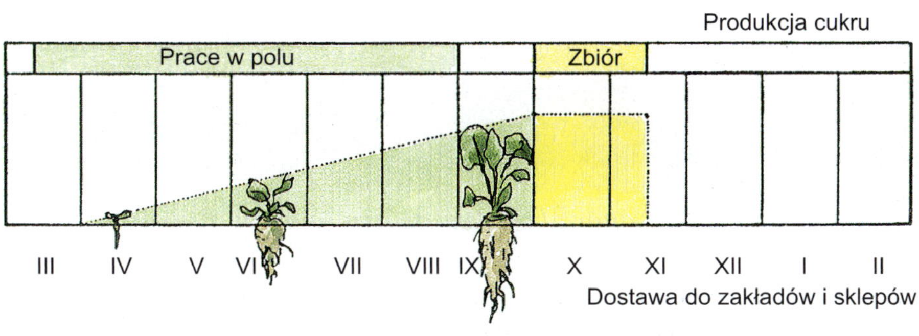

Ryc. 158. Od buraka cukrowego do cukru. Ile czasu upływa od posiania buraków cukrowych do wyprodukowania cukru? Jaka pogoda bywa najczęściej w Polsce w okresie zbiorów buraków cukrowych?

Na Wyżynie Lubelskiej, szczególnie wokół miast, rozwinęło się też warzywnictwo i sadownictwo.

Zadanie 71. Jakie zmiany w krajobrazie powoduje rolnictwo?

Zadanie 72. Wymień rośliny żywieniowe uprawiane na Wyżynie Lubelskiej.

Zadanie 73. Przypomnij z poprzedniej lekcji, które drzewa i krzewy owocowe są uprawiane w Polsce.

Zadanie 74. Które rośliny żywieniowe oraz które owoce i warzywa są uprawiane w okolicy Twojej miejscowości?

Na Wyżynie Lubelskiej są również warunki sprzyjające hodowli. Największe znaczenie ma tu hodowla bydła (krów), trzody chlewnej (świń i drobiu (kur, gęsi, kaczek, indyków). Rolnictwo Wyżyny Lubelskiej dostarcza różnych produktów dla ludności naszego kraju.

Praca rolników trwa przez cały rok i jest trudna. Efekty tej pracy są bardzo uzależnione od pogody. Zbiory może zniszczyć przymrozek lub grad. W lecie trzeba często pracować w upale. Wiosną i jesienią może być deszczowo i bardzo zimno. Pracę rolników ułatwia sprzęt zmechanizowany, np. traktory, kopaczki, snopowiązałki, młockarnie lub kombajny (ryc. 159).

Ryc. 159. Mechaniczny zbiór zboża na polach Wyżyny Lubelskiej

Większość produktów pochodzących z uprawy roślin i hodowli zwierząt jest przetwarzana na miejscu. Są tu liczne młyny, cukrownie, mleczarnie, piekarnie, zakłady mięsne oraz owocowo-warzywne. Część owoców i warzyw jest przechowywana w stanie zamrożonym w chłodniach. Produkty przemysłu spożywczego z Wyżyny Lubelskiej trafiają do sklepów w różnych częściach Polski, a również są wywożone za granicę (eksportowane).

Największym miastem na Wyżynie Lubelskiej jest Lublin — siedziba województwa i ośrodek przemysłowy.

Zadanie 75. Wymień rodzaje zakładów przemysłowych, w których przetwarza się produkty rolne. Które z nich występują w Twojej okolicy?

ZABUDOWANIA I DROGI W MIEŚCIE

Coraz więcej ludzi w Polsce mieszka w miastach. Wyróżniają się one dużą liczbą budynków mieszkalnych, najczęściej wielopiętrowych. W miastach znajdują się liczne biura, różne zakłady przemysłowe i usługowe, w których pracują mieszkańcy miast. O znaczeniu miast dowiesz się na następnych lekcjach na przykładzie Warszawy, Krakowa, Gdańska, Katowic i Zakopanego.

Ryc. 160. Ulica Krakowskie Przedmieście w centrum Warszawy. Przystanki autobusowe przed Uniwersytetem Warszawskim

Domy mieszkalne i zakłady pracy w miastach są zazwyczaj odległe od siebie, dlatego mieszkańcy miast muszą dojeżdżać do pracy. Służy temu rozwinięta sieć ulic z szerokimi chodnikami dla pieszych. Miasta połączone są ze sobą liniami kolejowymi i różnymi drogami dla ruchu samochodowego. Najbezpieczniejsze i najwygodniejsze są autostrady i drogi szybkiego ruchu. Największe miasta w Polsce mają również połączenia lotnicze.

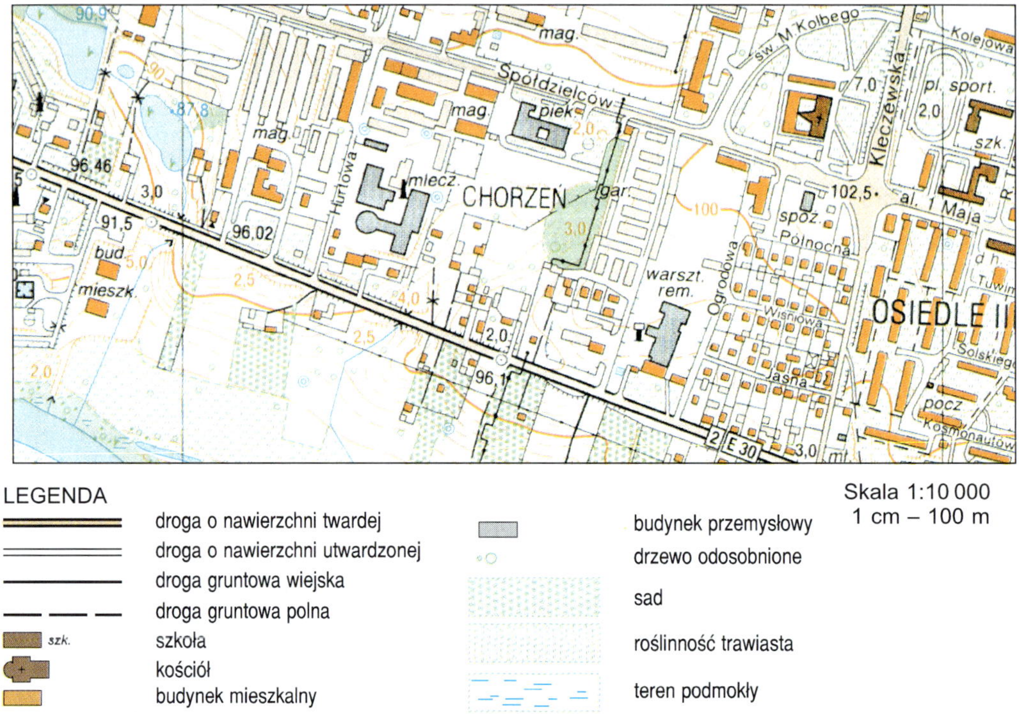

Ryc. 161. Mapa topograficzna części Konina. Odszukaj Konin na mapie Polski. Sprawdź, czego możesz dowiedzieć się z mapy Polski o tym mieście

Z mapy topograficznej możesz odczytać między innymi, ile różnych dróg i ile różnych budynków znajduje się w mieście. Na mapie Polski w atlasie są zaznaczone tylko największe miasta, a z legendy możesz odczytać liczbę ich mieszkańców. Na takiej mapie są zaznaczone tylko najważniejsze drogi i linie kolejowe łączące te miasta.

Zadanie 76. Postaraj się o topograficzną mapę Twojej okolicy, odszukaj na niej Twoją szkołę i Twój dom. Jakie drogi i jakie rodzaje zabudowań występują w Twojej miejscowości?

Zadanie 77. Odczytaj z mapy Polski w atlasie, ilu mieszkańców liczy Twoje miasto wojewódzkie.

Zadanie 78. Odszukaj na mapie ściennej Warszawę i Kraków i wypisz rodzaje dróg, jakimi są te miasta połączone. Dowiedz się, czy miasta te mają połączenie lotnicze. Oblicz z mapy samochodowej odległość między nimi.

WARUNKI ŻYCIA LUDZI W MIEŚCIE

Życie w mieście ma wiele zalet. Uważa się, że jest ono wygodne, ponieważ jest tu regularna komunikacja, są czyszczone i odśnieżane ulice, jest blisko do różnych sklepów. W miastach znajdują się kina, teatry, muzea i wystawy oraz liczne szkoły i wyższe uczelnie. Jednak mieszkańcy miast mają wiele problemów, które w mniejszym stopniu utrudniają życie mieszkańcom wsi.

Duża liczba ludności miast stwarza wielkie zapotrzebowanie na **żywność**, którą codziennie trzeba dowieźć do miast. W każdym sklepie możesz znaleźć produkty z różnych części Polski, a nawet różnych części świata. Niektóre artykuły spożywcze, takie jak: warzywa, owoce, mleko i przetwory mleczne są produkowane w bliskiej okolicy miasta, aby można je było łatwo i szybko dostarczyć do sklepów.

Ryc. 162. Zdjęcie ujęcia wody w Warszawie; nosi ono nazwę „Gruba Kaśka”

Miasta zużywają ogromne ilości wody, energii elektrycznej i cieplnej. Wiele wody jest wykorzystywane w przemyśle oraz na ogólne potrzeby miasta, takie jak zmywanie ulic, podlewanie trawników, mycie tramwajów i samochodów. Wodę dostarczaną do mieszkań oczyszcza się w specjalnych filtrach. Woda na potrzeby miast pobierana jest zazwyczaj z rzek i jezior. Częściowo wykorzystywane są też wody podziemne. Niektóre studnie głębinowe sięgają nawet do 300 m głębokości.

Szczególnie uciążliwe w miastach jest zanieczyszczenie powietrza i hałas. Aby zmniejszyć zanieczyszczenie powietrza, montuje się elektrofiltry w zakładach przemysłowych, a w samochodach stosuje się mniej szkodliwą benzynę bezołowiową i katalizatory spalarnia. Jednak nadal problem zanieczyszczenia powietrza nie jest rozwiązany właściwie.

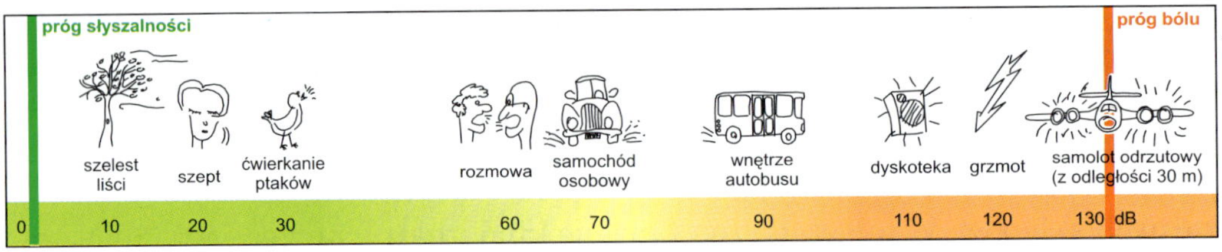

Ryc. 163. Hałasy dochodzące z ulicy lub od sąsiadów zza ściany przeszkadzają w odpoczynku. W pracy mogą hałasować maszyny i różne urządzenia. Coraz częściej mówi się o szkodliwości hałasu, który może doprowadzić nawet do uszkodzenia słuchu. Natężenie hałasu mierzy się w decybelach (dB). Jakie rodzaje hałasu przeszkadzają podczas lekcji w Twojej szkole?

Ryc. 164. Osłona przeciwhałasowa przy ruchliwej Trasie Łazienkowskiej w Warszawie, chroniąca blisko położone domy mieszkalne. Dla wyciszenia uciążliwych hałasów stosuje się również dźwiękoszczelne okna i materiały budowlane

Coraz większym problemem w miastach stają się ścieki i odpady. Jest ich coraz więcej, nie tylko dlatego, że przybywa ludności, ale też dlatego, że większość opakowań i innych odpadów bardzo wolno się rozkłada, np. tworzywa sztuczne.

Ryc. 165. Ogromne ilości śmieci wywiezione z Warszawy i zgromadzone na wysypisku w Łubnej

Ryc. 166. Segregowanie i powtórne przetwarzanie odpadów może zmniejszyć problemy z ich wywozem

Na obrzeżach miast zakłada się rozległe wysypiska śmieci, na których gromadzone są i częściowo przetwarzane odpady (ryc. 165). Wysypiska śmieci są bardzo uciążliwe dla okolicznych mieszkańców. Z powodu zanieczyszczania wód zmniejszają się między innymi zasoby wody pitnej.

Ryc. 167. Oczyszczalnia ścieków „Czajka" w Warszawie. Odprowadzane rurami kanalizacyjnymi ścieki, po oczyszczeniu, kierowane są do Wisły

Ucieczką od hałasu i przykrych zapachów w mieście może być park lub skwer. Są to zielone płuca miasta. Można tu spotkać wiewiórki, motyle, kaczki, łabędzie lub posłuchać śpiewu ptaków. Bardzo często w mieście występują zwierzęta, które opuściły swoje środowisko naturalne, ponieważ odpady w śmietnikach stały się dla nich łatwo dostępnym pokarmem. Człowiekowi od dawna towarzyszy szczur wędrowny, mysz domowa, wróbel, gołąb. Nie możemy uwolnić się od mrówek i prusaków. Razem z nami często mieszkają psy, koty, kanarki i inne zwierzęta domowe.

Zadanie 79. Przeprowadź w najbliższym sklepie wywiad na temat tego, skąd pochodzą niektóre artykuły spożywcze, np. mąka, cukier, mleko, warzywa, owoce. Które z nich są sprowadzane z odległych rejonów, a które z najbliższej okolicy?

Zadanie 80. Określ, ile litrów wody zużywa Twoja rodzina dziennie, tygodniowo i rocznie.

Zadanie 81. Oceń w przybliżeniu, ile śmieci dziennie i rocznie trzeba usunąć z Twojego domu. Dowiedz się, co się dzieje z odpadami i ściekami.

WARSZAWA — STOLICA POLSKI

Warszawa jest największym miastem Polski, liczącym prawie 2 miliony mieszkańców. Leży na lewym i prawym brzegu Wisły, w środkowej części Niziny Mazowieckiej. W 1596 roku z Krakowa do Warszawy została przeniesiona siedziba króla i Warszawa została stolicą Polski.

Ryc. 168. Warszawa była niewielkim grodem, położonym na lewym, wysokim brzegu Wisły. Szeroka, trudna do przebycia rzeka ułatwiała obronę. Wokół powstawały wsie

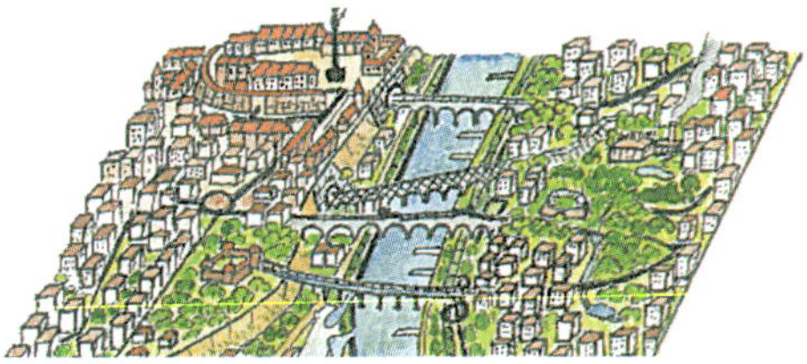

Ryc. 169. Stopniowo miasto rozrastało się. Lewobrzeżną i prawobrzeżną Warszawę połączyły mosty. Obecnie miasto jest bardzo rozległe i nadal się powiększa

Najważniejszą funkcją Warszawy jest **funkcja stołeczna.** Urzęduje tu Prezydent Rzeczypospolitej, znajduje się siedziba rządu oraz siedziba sejmu, senatu i wielu innych urzędów, mających znaczenie dla całej Polski, takich jak ministerstwa, ambasady itp. Warszawa pełni również **funkcje administracyjne** jako siedziba województwa mazowieckiego.

Ryc. 170. Warszawa. Widok z Pałacu Kultury w kierunku południowo-wschodnim. W środku zdjęcia – pas zieleni wzdłuż Wisły

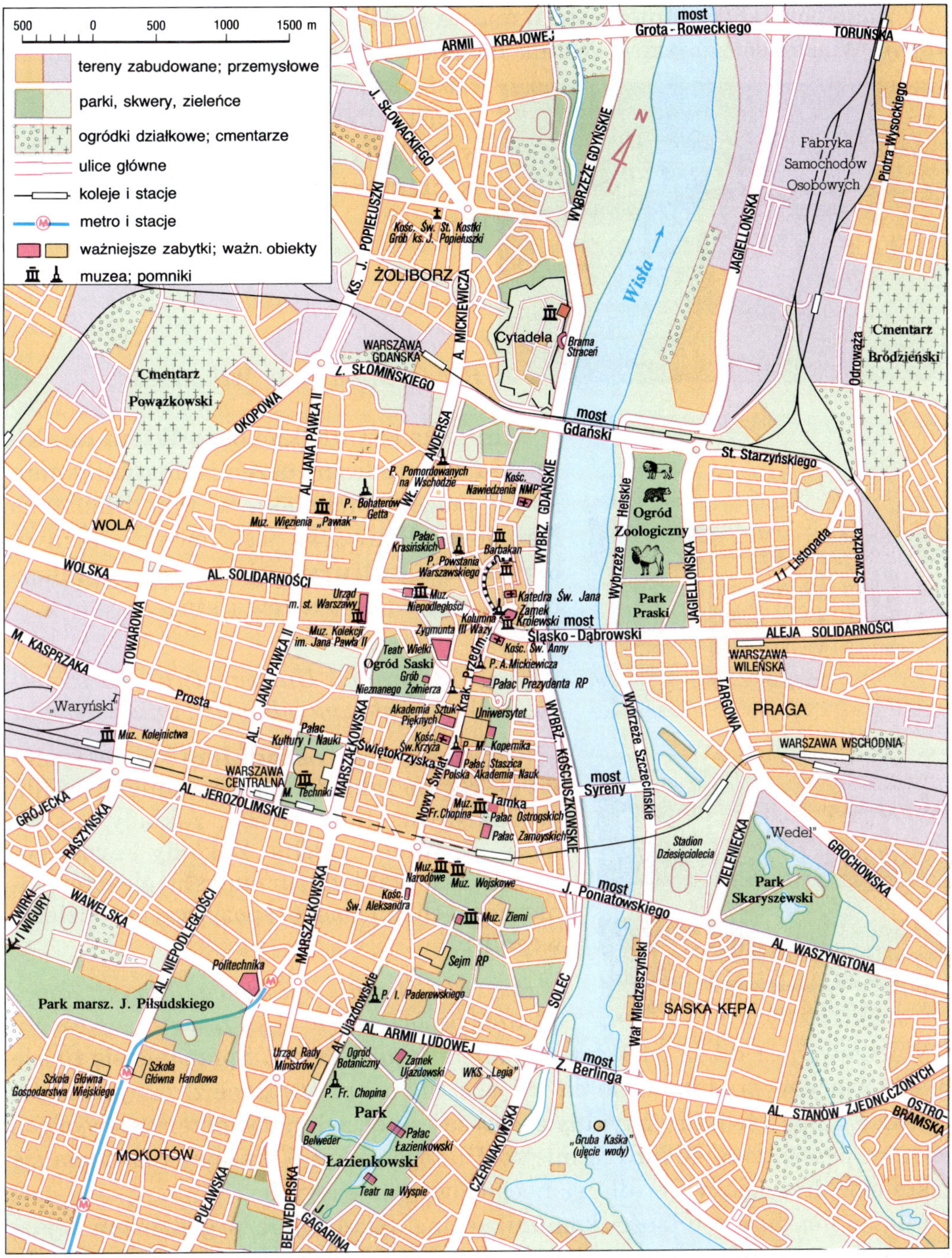

Ryc. 171. Centrum Warszawy. Odszukaj na planie Stare Miasto, Uniwersytet, Pałac Kultury i Nauki, Dworzec Centralny i fabrykę Daewoo–FSO

W ciągu ponad 800-letniej historii miasto wielokrotnie było niszczone podczas wojen. Większość zabytków została odbudowana. Do najcenniejszych należą Łazienki i Wilanów (ryc. 172), wpisane na listę UNESCO światowego dziedzictwa kultury, oraz Stare Miasto. Zabytki, pomniki, muzea ściągają licznych turystów.

Ryc. 172. Pałac w Wilanowie

Warszawa jest wielkim **ośrodkiem nauki.** Znajdują się tu liczne uczelnie, instytuty naukowe, muzea, biblioteki, w tym Biblioteka Narodowa. Warszawa jest również ważnym **ośrodkiem kultury** — jest tu opera, filharmonia oraz wiele teatrów i kin.

Ryc. 173. Brama Uniwersytetu Warszawskiego. W głębi główna biblioteka uniwersytecka

Warszawa jest **ośrodkiem przemysłowym**. Są tu zakłady o różnorodnym profilu produkcji, np. huta żelaza, zakłady cukiernicze „E. Wedel", „Polfa" Zakłady Farmaceutyczne oraz zakłady przemysłu elektrotechnicznego, chemicznego, spożywczego, odzieżowego itp.

Ryc. 174. Brama wjazdowa fabryki samochodów osobowych w Warszawie

Warszawa jest także wielkim ośrodkiem **handlowym.** Sprzedaje się tu nie tylko towary wyprodukowane na miejscu, ale też przywożone z różnych części Polski, Europy i świata. Artykuły z warszawskich zakładów przemysłowych są również przewożone do innych miejsc. Dlatego wokół Warszawy rozwinęła się gęsta sieć dróg kołowych (dla samochodów) i kolejowych.

Miasto ma duże trudności komunikacyjne. Szczególnie w godzinach dojazdów do pracy panuje ogromny tłok w autobusach i tramwajach oraz na ulicach. Ruch jest większy niż w innych miastach Polski. W 1995 roku oddano do użytku pierwszy odcinek metra, które na razie jeszcze w niewielkim stopniu rozwiązało ten problem.

W Warszawie krzyżują się **drogi komunikacji** krajowej i międzynarodowej, biegnące przez Polskę z północy na południe i ze wschodu na zachód. W związku z tym jest tu kilka dworców kolejowych (ryc. 175), dworców autobusowych i nowoczesny port lotniczy (ryc. 176).

Ryc. 175. Dworzec Centralny

Ryc. 176. Międzynarodowy Port Lotniczy Warszawa–Okęcie

Z dróg tych korzystają również ludzie dojeżdżający do pracy oraz przyjeżdżający w celach handlowych, turystycznych, kulturalnych i innych. Ruch na ulicach Warszawy jest większy niż w innych miastach Polski.

Zadanie 82. Wymień główne funkcje, jakie pełni największe miasto Polski – Warszawa.

Zadanie 83. Jakie funkcje pełni miasto, w którym mieszkasz? Wklej do zeszytu zdjęcia lub widokówki budynków świadczących o tych funkcjach.

KRAKÓW — OŚRODEK KULTURY I NAUKI

Kraków powstał nad rzeką Wisłą, która w dawnych wiekach była ważną drogą wodną. Na krzyżujących się tu szlakach handlowych Europy z południa na północ i ze wschodu na zachód rozwinęło się z czasem bogate i ludne miasto handlowe. Nic dziwnego, że już w 1038 roku Kraków był stolicą Polski.

Ryc. 177. Wawel jest położony na wysokim wapiennym wzgórzu nad Wisłą. Od strony Wisły znajduje się znana z legend jaskinia, zwana Smoczą Jamą

Z Wawelu (ryc. 177) przez ponad 550 lat królowie i książęta rządzili Polską. Cały Wawel, z Zamkiem Królewskim i katedrą, w której koronowano królów Polski, jest obecnie zabytkiem zaliczanym do obiektów o wyjątkowej wartości artystycznej na skalę światową.

Ryc. 178. Dziedziniec Zamku Królewskiego na Wawelu

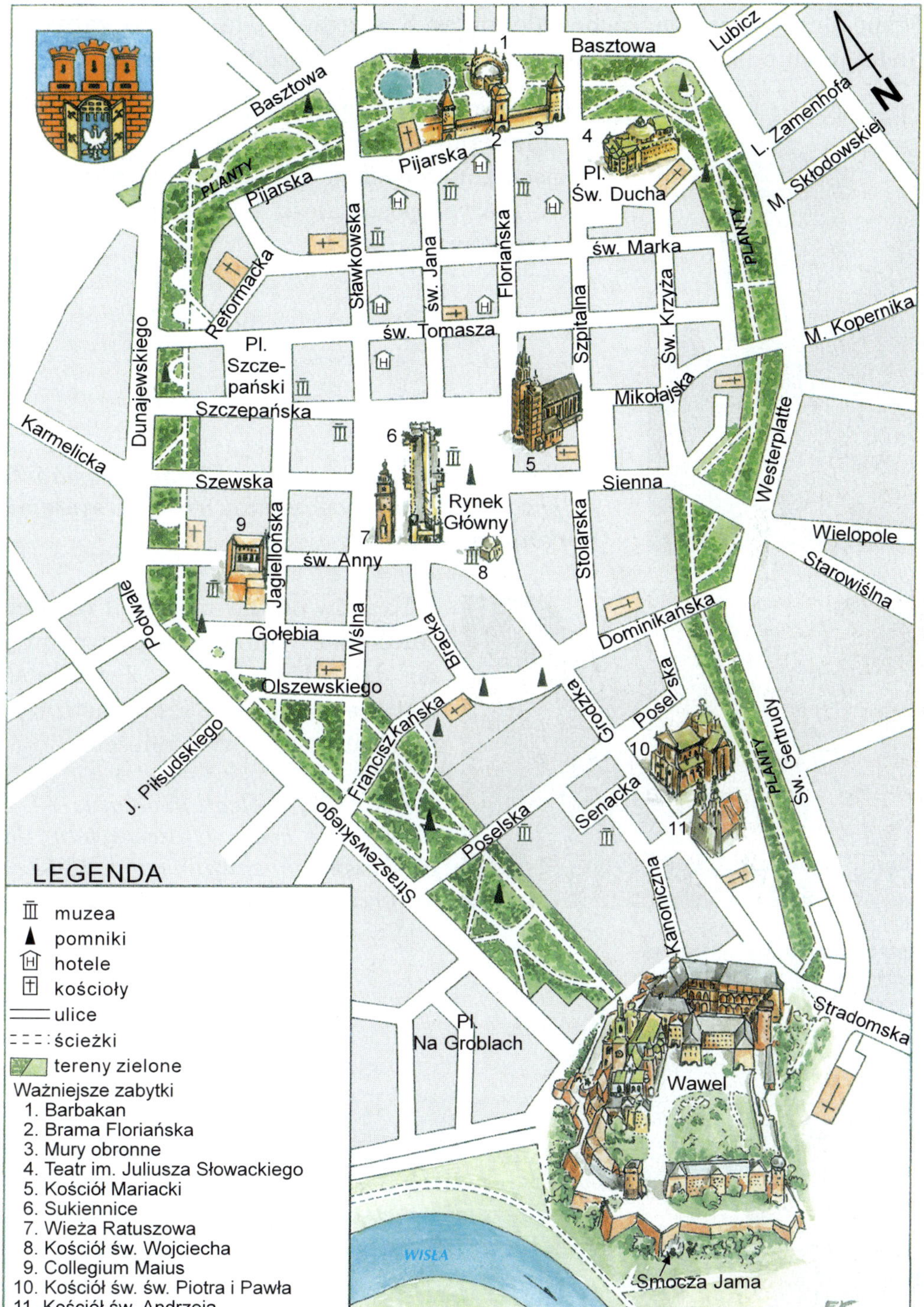

Ryc. 179. Stare Miasto w Krakowie – plan turystyczny. Odszukaj na mapie dwa obiekty świadczące o tym, że Kraków był kiedyś ośrodkiem władzy

Mimo licznych wojen zachowało się w Krakowie wiele innych zabytków świadczących o bogatej przeszłości i różnorodnych funkcjach miasta.

Obecnie Stare Miasto otacza krąg zieleni zwany Plantami (ryc. 179). Park ten powstał na miejscu zburzonych w XIX wieku murów obronnych, których pozostałości – to wspaniałe zabytki **kultury.**

*Ryc. 180. Barbakan wraz z Bramą Floriańską są pozostałościami po średniowiecznym **systemie obronnym** Krakowa*

Kraków od dawna pełnił **funkcje naukowe** i nieprzerwanie pełni je do dziś. Uniwersytet Jagielloński jest obecnie jedną z kilkunastu wyższych uczelni w tym mieście.

Ryc. 181. Collegium Maius – to najstarsza część Uniwersytetu Jagiellońskiego, założonego w 1364 roku przez Kazimierza Wielkiego

Ryc. 182. Kościół Mariacki. Od stuleci z wyższej wieży co godzinę rozbrzmiewa hejnał. Jego nagle urywającą się melodię, odtwarzaną w południe przez radio, słyszy codziennie cała Polska

W kościele tym znajduje się wspaniałe dzieło Wita Stwosza z XV wieku – rzeźbiony przez 12 lat drewniany ołtarz.

Ryc. 183. Sukiennice – to rodzaj dawnego domu ***handlowego,*** *nazwanego tak od kramów (straganów) z suknem, które tu sprzedawano*

Dziś nadal są tu sklepy, ale głównie z pamiątkami dla turystów. Budynek ten zajmuje też częściowo Muzeum Narodowe z galerią obrazów.

Obecnie Kraków jest najbogatszym w pamiątki narodowe i zabytki miastem Polski, **ośrodkiem nauki i kultury.** Kraków pełni też **funkcje administracyjne** jako siedziba województwa małopolskiego. Jest on również dużym **ośrodkiem przemysłowym.** Między innymi znane są wyroby czekoladowe firmy „Wawel". Największym zakładem przemysłowym Krakowa jest huta żelaza, zbudowana na miejscu dawnej podkrakowskiej wsi Mogiła. Jej tereny zostały włączone do miasta i stanowią jego dzielnicę, zwaną Nową Hutą. Silne zanieczyszczenie powietrza powodowane przez ten zakład, jak i inne zakłady przemysłowe, stwarza duże zagrożenie dla środowiska i zabytków Krakowa.

Zadanie 84. Omów położenie Krakowa na terenie Polski i w stosunku do położenia Twojej miejscowości.

Zadanie 85. Jakie funkcje pełni obecnie miasto Kraków?

Zadanie 86. Dowiedz się, jakie obiekty zabytkowe znajdują się w Twojej miejscowości lub w najbliższym mieście. Opowiedz o nich tak, jakbyś chciał zachęcić kolegę z innej miejscowości do ich obejrzenia.

GDAŃSK I GDYNIA — PORTY MORSKIE I OŚRODKI PRZEMYSŁOWE

Na północy Polski leży **Morze Bałtyckie.** Długość naszej granicy morskiej wynosi 528 km (ryc. 186). Poprzez Morze Bałtyckie mamy bezpośredni kontakt z **państwami skandynawskimi:** Szwecją, Finlandią, Norwegią i Danią oraz innymi państwami nadbałtyckimi: Estonią, Łotwą, Litwą, Rosją i Niemcami. Statki z naszych portów wypływają na morza i oceany całego świata, dlatego Morze Bałtyckie nazywane jest w przenośni „oknem na świat".

Szczecin — największy port nad Morzem Bałtyckim, leży u ujścia Odry. Natomiast Gdańsk — to najstarszy port na naszym wybrzeżu. Jego historia sięga tysiąca lat. Powstał on przy ujściu Motławy do Wisły. Tu w dawnych czasach docierali kupcy tak zwanym „szlakiem bursztynowym". Większość towarów z południa Europy i Polski przywożono do portu rzeką Wisłą.

Wiele zabytków świadczy o długiej i świetnej przeszłości tego portu handlowego, a także o bogactwie miasta i jego mieszkańców (ryc. 185). Gdańsk jest największym **ośrodkiem turystycznym i kulturalnym** na polskim wybrzeżu Bałtyku. Dużą atrakcją dla turystów są rejsy wycieczkowe statkami po Motławie (ryc. 184) i po porcie.

Ryc. 184. Gdańsk. Długie Pobrzeże nad Starą Motławą. W głębi Stary Żuraw

Ryc. 185. Dwór Artusa i zabytkowe kamienice na Długim Targu w Gdańsku

W kierunku północno-zachodnim od Gdańska zbudowano przez II wojną światową, na terenie małej wsi rybackiej, miasto i port — Gdynię (ryc. 188). Porty w Gdańsku i Gdyni są obecnie połączone z resztą kraju ważnymi drogami kołowymi i kolejowymi. Porty te leżą więc na skrzyżowaniu dróg lądowych i wodnych.

Ryc. 186. Morze Bałtyckie

Ryc.187. Stare Miasto w Gdańsku. W głębi dźwigi portowe

Ryc. 188. Port w Gdyni. Nabrzeże kontenerowe

W porcie w Gdańsku przeładowuje się głównie tzw. **drobnicę.** Są to towary o stosunkowo niewielkiej objętości, ale często wartościowe, np. lekarstwa. Towary tego typu przewozi się w pojemnikach zwanych **kontenerami.** Są one przystosowane do przewożenia samochodami, pociągami i statkami (ryc. 189).

Ryc. 189. Kontenerowiec M/s Szymanowski

Nowoczesny Port Północny w Gdańsku przystosowany jest do przeładunku **towarów masowych,** takich jak ropa naftowa, węgiel kamienny, siarka.

Przywożone do Gdańska i Gdyni surowce i towary stały się podstawą rozwoju przemysłu chemicznego, elektromaszynowego i spożywczego. Jednak najważniejszymi zakładami przemysłowymi na tym terenie są **stocznie.** W stoczniach Gdyni i Gdańska produkuje się wiele różnych typów statków, np. chłodnicowce, kontenerowce, masowce, drobnicowce, statki wycieczkowe, rybackie, badawcze i inne.

Zadanie 87. Jakie funkcje pełni obecnie miasto Gdańsk?

Zadanie 88. Dowiedz się w najbliższym sklepie rybnym, które ryby pochodzą z Bałtyku i które przetwory rybne — z Gdańska.

KRAJOBRAZ PRZEMYSŁOWY WYŻYNY ŚLĄSKIEJ

Wyżyna Śląska jeszcze 600 lat temu była cichą i spokojną krainą, obfitującą w lasy porastające wzniesienia. Niewielkie rzeki z czystymi wodami były pełne ryb, żyły tu nawet bobry. Myśliwi polowali w lasach na zwierzynę. Słabe gleby nie sprzyjały osadnictwu, toteż początkowo nie było tu wielu mieszkańców. Tylko wzdłuż szlaków handlowych rozwinęły się niewielkie osady.

Odkrycie **złóż srebra, ołowiu i cynku** oraz **rud żelaza** przyczyniło się do powstania małych osiedli górniczo-hutniczych. Drewna potrzebnego do przerobu tych kruszców i rud dostarczały lasy. Bogactwo to zaczęło się jednak szybko wyczerpywać. Wtedy zwrócono uwagę na znany od dawna **węgiel kamienny,** czarną skałę nadającą się do palenia. W XIX wieku budowano tu coraz liczniejsze kopalnie węgla.

Węgiel kamienny wydobywa się w Polsce w kopalniach głębinowych (ryc. 190). Występuje on w postaci warstw, zwanych pokładami, o grubości od kilku do kilkunastu metrów. Pracę górników utrudnia wysoka temperatura, ciasne chodniki, woda krążąca w szczelinach skalnych oraz niebezpieczeństwa wybuchu gazów i zawalenia się stropów.

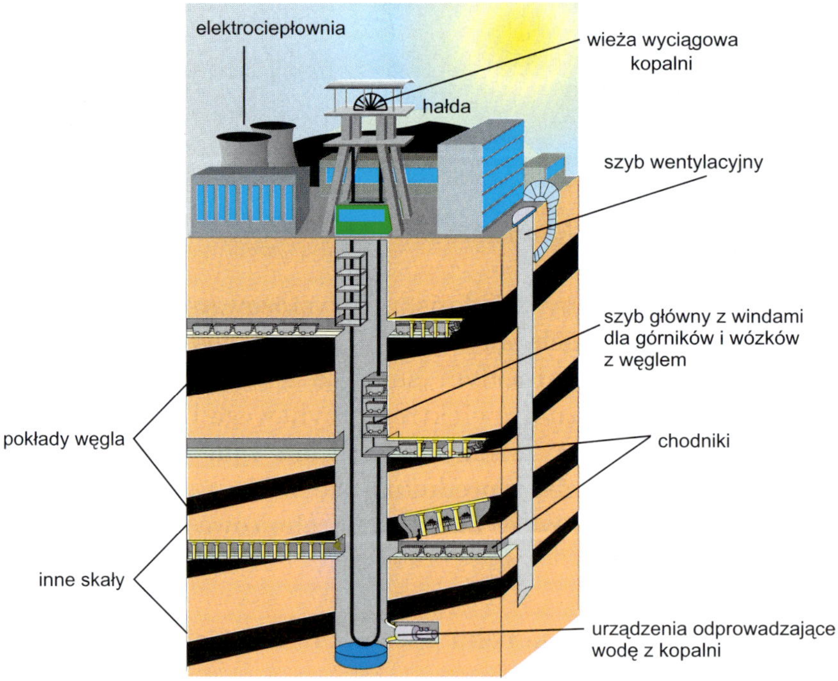

Ryc. 190. Kopalnia głębinowa węgla kamiennego. Kopalnie takie mogą w Polsce sięgać głębokości 1000 m

Podziemna część kopalni jest obsługiwana przez znajdujące się na powierzchni urządzenia: wieże wyciągowe, maszynownie, pompownie, urządzenia wentylacyjne oraz składy i sortownie węgla. Węgiel kamienny jest używany do produkcji energii elektrycznej i ciepła w **elektrowniach** oraz **elektrociepłowniach** na terenie całego kraju.

Jest też wykorzystywany przez różne zakłady przemysłowe, powstające w pobliżu kopalni węgla. Odpady z kopalń, popioły z elektrowni i żużel z hut są gromadzone na sztucznych wzniesieniach, zwanych **hałdami.** Hałdy, kopalnie węgla i inne zakłady przemysłowe oraz osiedla mieszkaniowe połączone drogami transportowymi składają się na **krajobraz przemysłowy** (ryc. 191). Obszary przemysłowe — to obecnie tereny o najsilniej przekształconym krajobrazie.

Ryc. 191. Krajobraz przemysłowy Wyżyny Śląskiej

Zadanie 89. Odszukaj na mapie w atlasie Wyżynę Śląską i opisz jej położenie.

Zadanie 90. Opisz, jak wydobywa się węgiel kamienny. Skorzystaj z ryc. 190.

Zadanie 91. Wymień elementy krajobrazu przemysłowego. Skorzystaj z ryc. 15 na str. 11.

METALE I NIEMETALE

Na Wyżynie Śląskiej znajdują się huty różnych metali, pracujące na potrzeby całego kraju. Do najważniejszych należą huty żelaza, w których produkuje się surówkę żelaza. Z niej wytwarza się **stal,** służącą do wyrobu **szyn, blach** i **drutów**. Trudno dziś sobie wyobrazić życie, zarówno w mieście jak i na wsi, bez wielu przedmiotów codziennego użytku wykonanych z metali.

Czy w naszym otoczeniu stykamy się z metalami?

Obserwacje:

1. Rozejrzyj się w klasie wokół i wymień przedmioty zrobione z metalu.
2. Uzasadnij, dlaczego wybrałeś te przedmioty.
3. Określ cechy metali, które pozwoliły Ci wyodrębnić je spośród przedmiotów wykonanych z innych tworzyw.

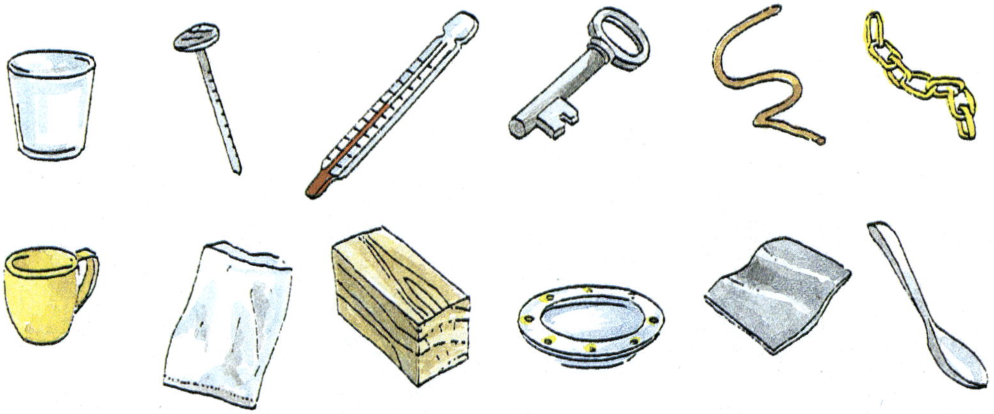

Ryc. 192. Które z tych przedmiotów są wykonane z metalu?

Metale są w temperaturze pokojowej **ciałami stałymi** (wyjątek: rtęć). Mają one **metaliczny połysk** i **szarą lub srebrzystoszarą barwę** (wyjątki: żółte złoto i czerwonawa miedź), **dobrze przewodzą ciepło i prąd elektryczny.** Metale występują w przyrodzie najczęściej w postaci rud, z których otrzymuje się je w zakładach przemysłowych, zwanych hutami.

Cechy metali poznasz na przykładzie **żelaza** — najpowszechniej wykorzystywanego metalu. W każdym domu znajduje się wiele przedmiotów wykonanych ze stopów zawierających żelazo, np. noże, śruby, zamki, zawiasy, narzędzia, rury wodociągowe, kaloryfery. Żelazo jest materiałem niezbędnym do produkcji samochodów, wagonów kolejowych, statków, maszyn rolniczych i przemysłowych. Wykorzystywane jest także do konstrukcji budynków i mostów.

Doświadczenie nr 14

Przebieg doświadczenia *(ryc. 193)*:

1. Przygotuj gwoździe, młotki, spinacze, obcęgi i świeczkę.
2. Obejrzyj materiał, z którego zostały wykonane te przedmioty.
3. Spróbuj rozklepać koniec gwoździa i zgiąć spinacz.
4. Zbliż trzymany w ręku gwóźdź do płomienia świeczki. Przerwij doświadczenie, gdy poczujesz, że gwóźdź jest ciepły.

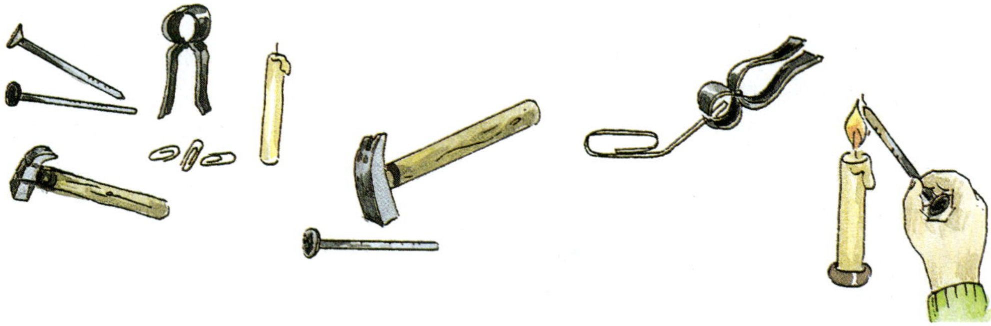

Ryc. 193. Przebieg doświadczenia nr 14

Obserwacje i wnioski:

1. Żelazo jest metalem o **srebrzystoszarej barwie i metalicznym połysku.**
2. Żelazo **jest metalem plastycznym,** świadczy o tym łatwe zgięcie spinacza.
3. Żelazo **jest metalem kowalnym,** o czym świadczy łatwe rozklepanie końca gwoździa.
4. Żelazo **przewodzi ciepło.**
5. Żelazo, jak wszystkie metale, **przewodzi prąd.**
6. Szczególną cechą żelaza są silne właściwości magnetyczne (patrz str. 20).

Doświadczenie nr 15

Przebieg doświadczenia *(ryc. 194)*:

1. Przygotuj dwa czyste gwoździe, białą chusteczkę higieniczną, szklany spodeczek, wodę, odrobinę soli kuchennej.

Ryc. 194. Przebieg doświadczenia nr 15

2. Nasyp do spodeczka odrobinę soli (ilość nie większą niż łepek od zapałki), nalej wody na wysokość około 2 mm i pomieszaj, aż sól się rozpuści.
3. Złóż chusteczkę higieniczną i połóż ją na dnie spodeczka tak, by leżała płasko.
4. Połóż na mokrej chusteczce jeden z gwoździ, a drugi, suchy, przechowuj w pobliżu, byś mógł porównywać wygląd obydwu gwoździ.
5. Codziennie obserwuj zawartość spodeczka. Dolewaj wodę do spodeczka tak, by chusteczka była cały czas wilgotna, a gwóźdź nie był zalany wodą.

Obserwacje i wnioski:

1. Gwóźdź, który był narażony na działanie wody, soli i powietrza, już po kilku godzinach pokrył się rudym nalotem.
2. Po kilku dniach (nie mniej niż tydzień) widać wyraźne ubytki żelaza na wilgotnym gwoździu. Dostatecznie długo trwające doświadczenie doprowadzi do całkowitego zniszczenia gwoździa.

Proces niszczenia żelaza pod wpływem wody i tlenu z powietrza nazywamy korozją.

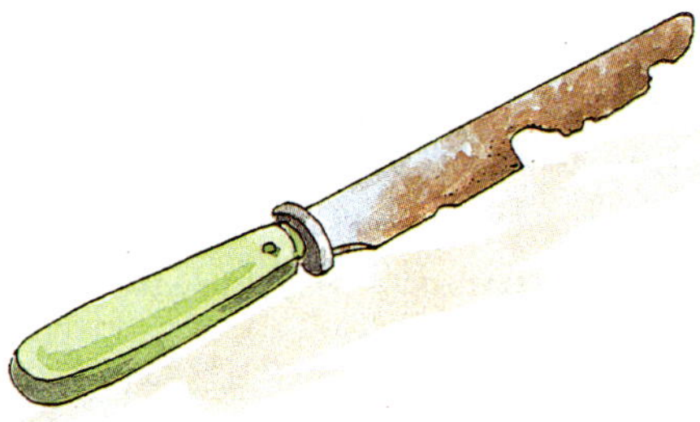

Ryc. 195. Skorodowany nóż

Korozja powoduje ogromne straty w gospodarce, ponieważ skorodowane elementy trzeba wymieniać na nowe. Przedmioty żelazne chronimy przed niszczącym działaniem korozji w ten sposób, że pokrywamy je ochronną szczelną powłoką, która nie dopuszcza wody ani tlenu do powierzchni żelaza.

Czystego żelaza w praktyce się nie używa. Zamiast niego stosuje się **stal**, czyli żelazo z domieszkami różnych substancji, poprawiających jego właściwości.

Zadanie 92. Podaj przykłady przedmiotów żelaznych znajdujących się w Twoim mieszkaniu.

Zadanie 93. Sprawdź, w jaki sposób przedmioty te są chronione przed korozją.

Niemetale — to substancje, które w odróżnieniu od metali są złymi przewodnikami ciepła i elektryczności oraz nie mają metalicznego połysku. Typowymi pierwiastkami niemetalicznymi są tlen, azot, siarka. Niemetalem jest również węgiel. Czysty węgiel występuje w przyrodzie w postaci **grafitu.** Prawie czystym grafitem jest „grafit" z bardzo miękkiego ołówka. Węgiel — **pierwiastek** jest głównym składnikiem węgla kamiennego.

Doświadczenie nr 16

Przebieg doświadczenia *(ryc. 196)*:

1. Przygotuj grafit z bardzo miękkiego ołówka (najbardziej miękki ma oznaczenie 8B), bryłkę węgla kamiennego wielkości ziarna fasoli, 20–30 cm żelaznego drutu, kartkę papieru, naczynie z wodą oraz świecę i zapałki.
2. Obejrzyj grafit. Określ jego kolor, narysuj nim kreskę na papierze, sprawdź paznokciem, a potem końcem żelaznego drutu, czy grafit da się zarysować. W ten sam sposób zbadaj bryłkę węgla.
3. Zapal palnik lub świecę i postaw obok naczynie z wodą do chłodzenia gorących próbek. Spróbuj zapalić koniec grafitu (uwaga: grafit z ołówka może być pokryty parafiną).
4. Umocuj bryłkę węgla na końcu drutu i spróbuj ją zapalić.

Ryc. 196. Przebieg doświadczenia nr 16

Obserwacje i wnioski:

1. Grafit jest tak miękki, że pocierany o papier ściera się, zostawiając wyraźny ślad.
2. Węgiel kamienny jest czarny, kruchy i dużo twardszy niż grafit, daje się zarysować dopiero drutem żelaznym.
3. Grafit nie pali się w powietrzu, jest ogniotrwały.
4. Węgiel kamienny pali się w powietrzu, jest używany jako paliwo.

Surowce niemetaliczne wykorzystywane są we wszystkich gałęziach przemysłu. Jednym z najważniejszych jest **węgiel kamienny.**

ZMIANY W KRAJOBRAZIE WYŻYNY ŚLĄSKIEJ SPOWODOWANE PRZEZ GÓRNICTWO I PRZEMYSŁ

Górnictwo i przemysł zmieniły krajobraz Wyżyny Śląskiej nie do poznania. Znikły lasy, a na ich miejscu zjawiły się szyby kopalń, hałdy, kominy zakładów przemysłowych (rys. 191). Rzeki zmieniły się w kanały ze ściekami. Niełatwo jest żyć w takich warunkach. Odbija się to na zdrowiu mieszkańców Śląska.

Mimo to na Śląsku wzrastało zaludnienie. Rozwijający się przemysł potrzebował rąk do pracy. Niewielkie osiedla powiększały się, tworząc coraz większe osady i miasta. Poszczególne miasta, osiedla i zakłady przemysłowe połączyła gęsta sieć dróg, tworząc wielki **węzeł komunikacyjny.** Miasta są obecnie tak blisko siebie, że czasem trudno odróżnić, gdzie kończy się jedno, a zaczyna drugie (ryc. 197).

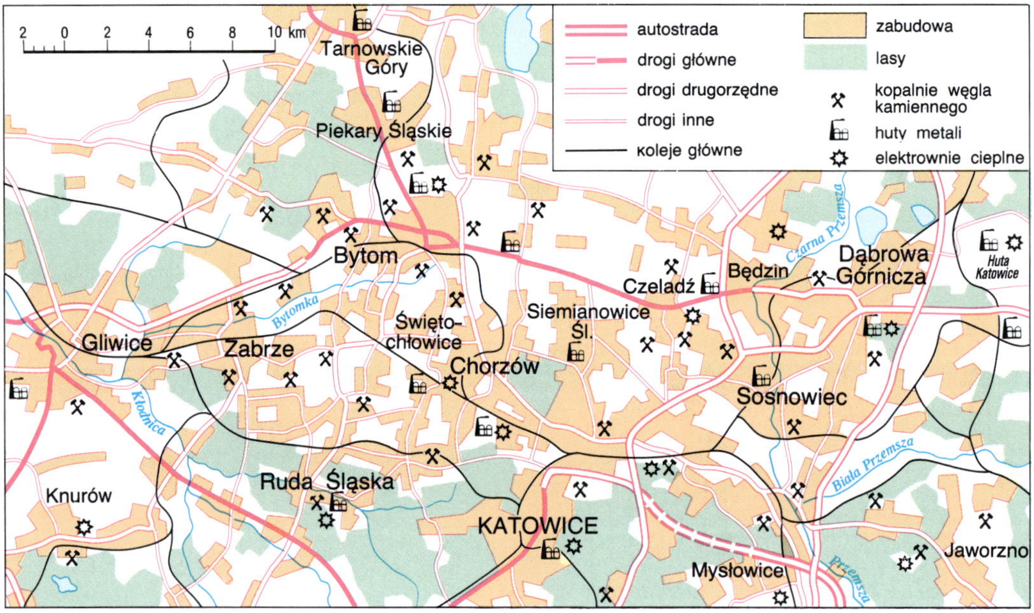

Ryc. 197. Górnośląski Okręg Przemysłowy (GOP). Odczytaj nazwy miast tego okręgu

Największym miastem Wyżyny Śląskiej i siedzibą województwa śląskiego są **Katowice.** Jest to typowe miasto przemysłowe, z ponad 100 zakładami przemysłowymi. Są tam kopalnie, koksownie, elektrownie, huty, stalownie, walcownie, zakłady przemysłu maszynowego, chemicznego, spożywczego i inne. Katowice są również ośrodkiem naukowym. Są tu wyższe uczelnie i instytuty naukowe. Ich praca jest przede wszystkim związana z potrzebami Górnośląskiego Okręgu Przemysłowego.

Ryc. 198. Chorzowski Park Kultury i Wypoczynku jako przykład terenu zrekultywowanego

Obecnie czyni się wiele, aby w GOP-ie zapobiec dalszemu niszczeniu środowiska oraz zanieczyszczaniu powietrza, wód i gleb. Zakłady przemysłowe wyposażone są w specjalne filtry wychwytujące szkodliwe pyły i gazy. Powstają oczyszczalnie ścieków. Nieużyteczne hałdy poddano rekultywacji, czyli niektóre tereny wyrównano, zasadzono drzewa i krzewy, a w zagłębieniach utworzono stawy (ryc. 198). W ten sposób zagospodarowuje się zniszczone przez górnictwo i przemysł tereny, aby znowu mogły tam rosnąć rośliny i żyć zwierzęta.

Zadanie 94. Dlaczego Katowice nazywamy miastem przemysłowym?

Zadanie 95. Sprawdź, jakie miasto przemysłowe znajduje się najbliżej Twojej miejscowości. Jaki rodzaj przemysłu tam się rozwinął?

Zadanie 96. Na czym polega rekultywacja terenów zniszczonych przez górnictwo i przemysł?

Zadanie 97. Dowiedz się, w jaki sposób zrekultywowano wysypiska śmieci, tereny górnicze lub przemysłowe w Twoim regionie.

WARUNKI ŻYCIA I ZALEŻNOŚCI W PRZYRODZIE

ŚRODOWISKO LĄDOWE

Na środowisko składa się wiele elementów **przyrody nieożywionej**, takich jak: podłoże, rzeźba terenu, wody i klimat, oraz **przyrody ożywionej** — rośliny, zwierzęta, a także człowiek. Środowisko, w którym żyje dany organizm, może być **środowiskiem lądowym,** np. las (ryc. 199), łąka, park miejski, lub **środowiskiem wodnym,** np. morze, rzeka, jezioro (ryc. 200).

Ryc. 199. Las jako przykład środowiska lądowego

Ryc. 200. Jezioro jako przykład środowiska wodnego

Niektóre ze środowisk lądowych, w których żyje człowiek, już poznałeś. Były to środowiska znacznie przekształcone przez człowieka — wieś, miasto, pole. Teraz poznasz środowiska, w których zmiany dokonane przez człowieka są niewielkie. Dowiesz się, jak różne elementy przyrody na siebie w nich oddziałują i jak wpływają na warunki życia organizmów.

Zadanie 98. Które ze środowisk wodnych i lądowych występują w pobliżu Twojej szkoły?

SKAŁY W TWOJEJ OKOLICY

Skały występują powszechnie wokół nas. Zbudowane jest z nich podłoże, po którym chodzimy. Spotykamy je na poboczu drogi, na stoku wzniesienia, na brzegu rzeki; nawet gdy na powierzchni jest roślinność, wiemy, że pod nią są skały. Powstały one w przyrodzie w sposób naturalny. Możemy je podzielić na skały lite i skały luźne.

SKAŁY

- **lite**
  - granit
  - piaskowiec
  - wapień
- **luźne**
  - żwir
  - piasek
  - less

Ryc. 201. Rodzaje skał występujących najczęściej w Polsce

Skały lite składają się z minerałów tak silnie ze sobą spojonych, że trudno je rozbić nawet młotkiem. W Polsce najczęściej można spotkać granity (ryc. 202), piaskowce (ryc. 203) i wapienie (ryc. 204).

Ryc. 202. Granity składają się z różnokolorowych minerałów: błyszczącej białej lub czarnej miki, szarego kwarcu oraz różowych, kremowych lub białych skaleni

Ryc. 203. Piaskowce składają się ze spojonych silnie ze sobą ziaren piasku. Mogą być koloru czerwonego, kremowego, szarego

Ryc. 204. Wapienie są najczęściej koloru białego, żółtawego lub szarego, często z odciskami zwierząt morskich, z których powstały

Skały luźne składają się z nie zespojonych ze sobą okruchów skalnych o różnych rozmiarach i kształtach. W Polsce najczęściej można spotkać piasek i żwir, a na niektórych obszarach less, o którym już się uczyłeś (str. 95).

Ryc. 205. Żwir składa się z grubych okruchów różnych skał

Ryc. 206. Piasek złożony jest z drobnych okruchów skalnych

Ryc. 207. Less składa się z bardzo drobnych ziarenek kwarcu

Skały wykorzystuje się między innymi w budownictwie i kamieniarstwie. Skały lite po wypolerowaniu są bardzo dekoracyjne, dlatego często są używane na pomniki i rzeźby, a także jako wykładziny lub posadzki w budynkach. Piasek i żwir stanowią dodatek do betonu.

Ryc. 208. Skały lite wydobywa się w kamieniołomach. Kamieniołom granitu w Strzelinie

Zadanie 99. Rozpoznaj skały występujące w najbliższej okolicy szkoły.

Zadanie 100. Podaj przykłady skał wykorzystywanych w Twoim najbliższym otoczeniu.

Zadanie 101. Gdzie w Polsce występuje less?

WPŁYW PODŁOŻA NA WARUNKI ŻYCIA ORGANIZMÓW

Ważnym elementem środowiska lądowego jest podłoże. Nawet lita skała może stać się środowiskiem życia dla roślin i zwierząt (ryc.).

Ryc. 209. Porosty osiedlające się na litej skale mają niewielkie potrzeby życiowe

Pod wpływem czynników środowiska, głównie zmian temperatury i działania wody, skała zaczyna się kruszyć. Na popękanej warstwie osiedlają się organizmy, które zdołały się do niej przytwierdzić. Po pewnym czasie obumierają i ulegają rozkładowi. Z rozkładających się szczątków roślin i zwierząt powstaje próchnica (ryc. 150).

Ryc. 210. Gleba skalista. Korzenie roślin wciskają się w szczeliny skalne. Rosnąc i grubiejąc, powodują ciągłe powiększanie szczelin

Na podłożu ze skał luźnych rośliny mają dość miejsca na korzenie i są tam lepsze warunki życia dla **organizmów glebowych** (ryc. 212). A im więcej tych organizmów, np. bakterii i grzybów przetwarzających szczątki roślinne i zwierzęce na próchnicę oraz dżdżownic, owadów i ślimaków, tym w glebie jest więcej powietrza, wilgoci i próchnicy, i gleba jest żyźniejsza (ryc. 211).

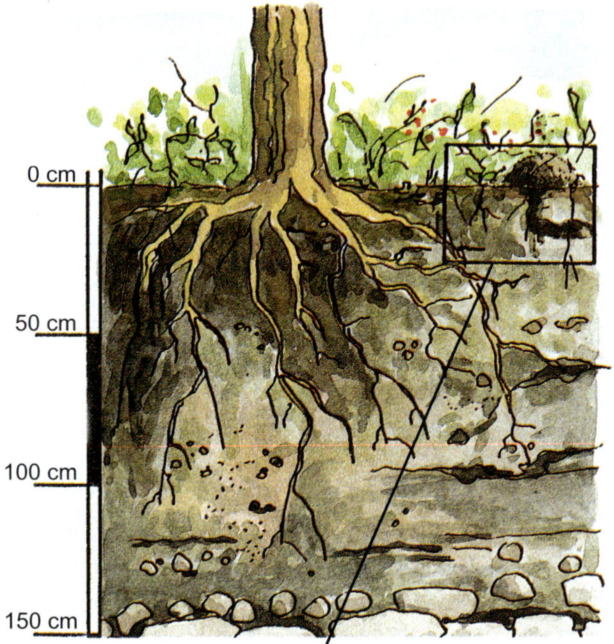

Ryc. 211. Występujące w glebie dżdżownice, owady, ślimaki przyczyniają się do utrzymania przewiewności i pulchności gleby

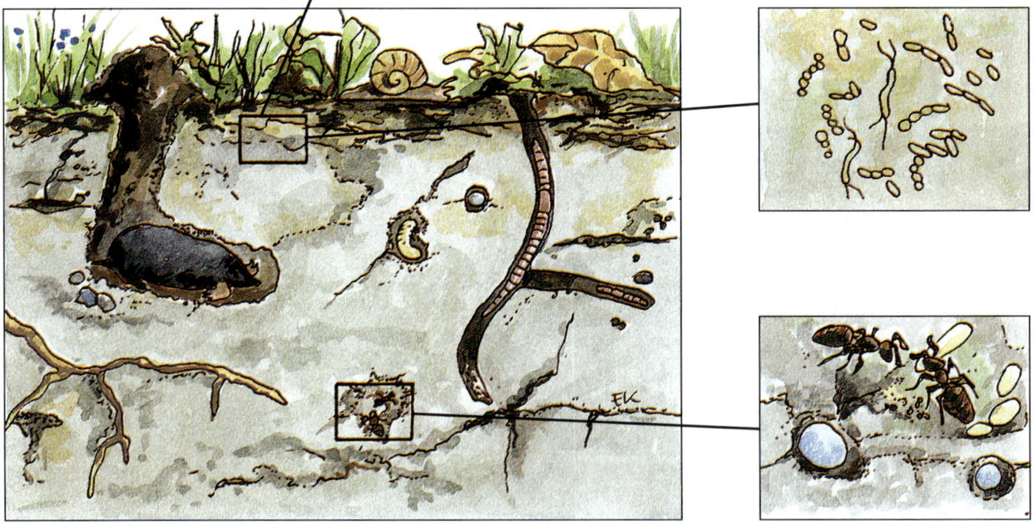

Ryc. 212. Powiększone części rysunku gleby pokazują żyjące w niej organizmy. Działalność prowadzona przez człowieka nie zawsze jest korzystna dla organizmów glebowych. Jest ich wyraźnie mniej na polu niż w lesie lub na łące. Stosowanie chemicznych środków ochrony roślin może powodować ich śmierć

Przepuszczalność podłoża ma duży wpływ na system korzeniowy rośliny. Na podłożu piaszczystym, ubogim w wodę, rośliny wytwarzają rozwinięty sytem korzeniowy, głęboko przenikający podłoże.

Ryc. 213. Piaskownica zwyczajna, rosnąca na wydmach, ma długie korzenie sięgające głęboko do wody

Na glebach o podłożu piaszczystym, które szybko wysychają, niektóre rośliny wytworzyły zabezpieczenia przed nadmierną utratą wody. Występujący w miejscach suchych rozchodnik ostry magazynuje wodę w liściach. Występowanie włosków u kocanek piaskowych również skutecznie przeciwdziała parowaniu.

Ryc. 214. Mikołajek nadmorski, rosnący na wydmach, ma liście pokryte nalotem wosku, by zmniejszyć parowanie wody

Ryc. 215. Na torfowiskach, ubogich w związki azotowe, rośnie rosiczka — roślina owadożerna. Niedobór azotu uzupełnia, trawiąc białko owadów schwytanych dzięki specjalnym włoskom i lepkiej substancji na liściach

Zwierzęta również przystosowały się do życia na różnym podłożu. Na podłożu ze skał litych żyją jedynie te zwierzęta, które umieją się poruszać po takim skalistym terenie.

Ryc. 216. Kozice – zwinne, szybkie, płochliwe zwierzęta, żyją w wysokich górach. Wąskie raciczki pozwalają im na lepsze utrzymanie się na nierównym, twardym podłożu

Nie spotykamy też wielu zwierząt tam, gdzie podłoże jest zbyt luźne lub grząskie (np. piasek lub bagno). Ale łoś dzięki rozsuwalnym racicom może sprawnie poruszać się po mokradłach. Dlatego nazywamy go królem bagien. Jest również świetnym pływakiem.

Zwierzęta, które kopią nory, wybierają taki rodzaj podłoża — ani za twardy, ani za luźny — aby łatwo w nim było kopać korytarze, a jednocześnie aby były one trwałe.

Ryc. 217. Kret za pomocą szerokich łap kopie korytarze pod ziemią. Kształt ciała pozwala mu swobodnie się w nich poruszać. Krótka sierść wyrasta prosto, by mógł się cofać. Ma bardzo słaby wzrok, za to wspaniały węch, który ułatwia mu zdobycie pożywienia, np. owadów i ich larw oraz dżdżownic

FORMY TERENU I ICH WYSOKOŚCI

Gdy rozejrzysz się wokół, możesz zobaczyć różne formy terenu. W rozpoznaniu ich w okolicy Twojej szkoły mogą Ci pomóc rysunki przedstawiające **wypukłe formy terenu – pagórki, wzgórza i góry** (ryc. 218), oraz **wklęsłe formy terenu**. Wśród **form wklęsłych** najczęściej spotykane są **doliny** (ryc. 219), którymi płyną rzeki, i **kotliny** (ryc. 220), w których bardzo często leżą miejscowości.

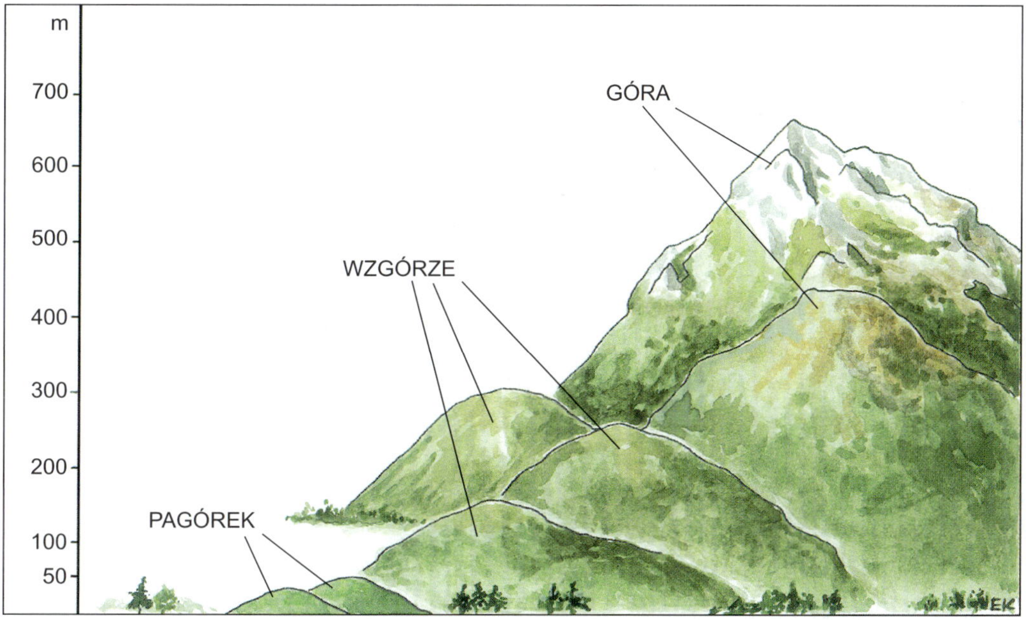

Ryc. 218. Rodzaje wypukłych form terenu. Odczytaj z rysunku, jaką wysokość mogą mieć pagórki, a do jakiej wysokości sięgają wzgórza?

Ryc. 219. Dolina rzeki – to długa, wklęsła forma terenu, powstała w wyniku działalności wód płynących

Ryc. 220. Kotlina – to rozległa, wklęsła forma terenu, otoczona ze wszystkich stron wzniesieniami

Gdy zastanawiamy się, jakie mogą mieć wysokości **pagórki, wzgórza i góry**, mamy na myśli wysokości zwane wysokościami względnymi (ryc. 221).

Wysokość względna – to wysokość mierzona względem przyjętego poziomu (np. poziomu jeziora). Wartość wysokości względnej podajemy w metrach.

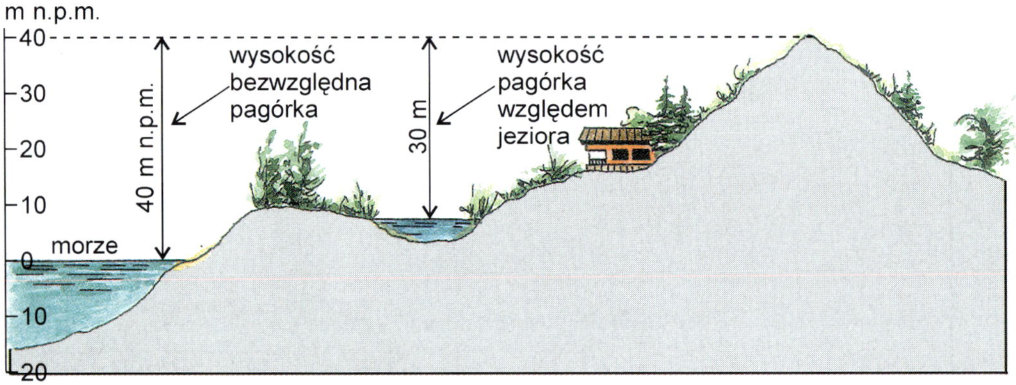

Ryc. 221. Wysokość względna a wysokość bezwzględna. Odczytaj wysokość bezwzględną pagórka oraz jego wysokość względem poziomu jeziora

Na mapach, na przykład na mapie Polski w Twoim atlasie lub mapie ściennej, zaznaczone są punkty wysokościowe, za pomocą których można odczytać wysokości wniesień. Są one jednak mierzone od przyjętego dla dużych obszarów wspólnego poziomu – poziomu morza. Jest to wysokość bezwzględna. **Jej wartość podajemy w metrach nad poziomem morza (m n.p.m).**

Zadanie 102. Wymień formy terenu występujące w Twojej okolicy.

Zadanie 103. Odszukaj na mapie w atlasie najwyższy szczyt w Polsce. Podaj jego nazwę i wysokość bezwzględną.

Zadanie 104. Odszukaj na mapie w atlasie najwyższe wzniesienie położone najbliżej Twojej miejscowości. Podaj jego nazwę i wysokość bezwzględną.

RZEŹBA TERENU W TWOJEJ OKOLICY

Duże, płaskie lub prawie płaskie tereny, z niezbyt głębokimi dolinami rzek, określamy jako **tereny równinne.** Mają one nieznaczne wysokości względne (ryc. 222).

Ryc. 222. Równinny krajobraz Niziny Wielkopolskiej w okolicy Kalisza

Tereny, na których przeważają pagórki lub wzgórza, a więc obszary z większymi wysokościami względnymi, nazywamy **terenami pagórkowatymi** (ryc. 298) **lub falistymi** (ryc. 223).

Ryc. 223. Falisty krajobraz Niecki Nidziańskiej w okolicy Pełczysk

Zadanie 105. Na którym zdjęciu przedstawiono teren najbardziej przypominający teren w okolicy Twojej szkoły?

Zadanie 106. Odszukaj położenie Twojej miejscowości na mapie (ryc. 224) i sprawdź, jakie rodzaje rzeźby terenu występują w Twoim regionie.

Obszary o bardzo dużych wysokościach względnych, czyli takie, na których przeważają góry, nazywamy **terenami górzystymi.**

Ryc. 224. Pieniny. Widok z Sokolicy

Ryc. 225. Rzeźba Polski

RZEŹBA TERENU I WODY W TATRACH

Góry są przykładem krajobrazów o bardzo dużym zróżnicowaniu środowisk życia ze względu na podłoże i klimat. Znajdują się one w południowej części naszego kraju. Najrozleglejszym łańcuchem górskim Polski są **Karpaty**, a najwyższą i najpiękniejszą ich częścią są **Tatry.** Przez Tatry biegnie część granicy między Polską i Słowacją. Po słowackiej stronie leży najwyższy szczyt Tatr – Gerlach (2655 m n.p.m.); w Tatrach Polskich najwyższym szczytem są **Rysy** o wysokości 2499 m n.p.m. (ryc. 226).

Ryc. 226. Turyści na wierzchołku Rysów (2499 m n.p.m.) – najwyższego szczytu w Tatrach Polskich

Pasmo Tatr Polskich dzieli się na Tatry Wysokie i Tatry Zachodnie. **Tatry Wysokie** zbudowane są z granitów (ryc. 202), odpornych na niszczące działanie wody i powietrza. Charakterystyczne dla tego krajobrazu są ostre, strome, kanciaste **wierzchołki gór**. W Tatrach noszą one nazwę **turni**. Między nimi ciągną się poszarpane, skaliste grzbiety górskie, porozdzielane wysoko położonymi **przełęczami** (czyli obniżeniami między dwoma wierzchołkami).

Szlaki turystyczne prowadzące w Tatry Wysokie biegną często dolinami wartko płynących **potoków** górskich. **Zbocza** tych dolin są strome, a ich **dna** z kamienistym **korytem** czasem są wąskie, a czasem dość szerokie. Na progach skalnych tworzą się **wodospady.** Najwyższym jest **Siklawa** (ryc. 228), a jednym z najpiękniejszych są **Wodogrzmoty Mickiewicza.**

Ozdobą krajobrazu **Tatr Wysokich** są liczne, głębokie **jeziora**, nazywane tu stawami (ryc. 227). Wielki Staw w Dolinie Pięciu Stawów Polskich jest czwartym pod względem głębokości jeziorem w Polsce (79,3 m). Jednak za najpiękniejsze uważane jest największe jezioro w Tatrach – Morskie Oko.

Ryc. 227. Krajobraz Tatr Wysokich. W głębi stoki Żółtej Turni (2089 m n.p.m.). Prawie 400 m niżej – Czarny Staw Gąsienicowy

Ryc. 228. Siklawa na Potoku Roztoka – najwyższy wodospad w Polsce (70 m wysokości)

Zadanie 107. Odszukaj wymienione wodospady i jeziora na mapie Tatr Wysokich w atlasie.

Zadanie 108. Jak turyści powinni zachowywać się, aby nie zniszczyć piękna przyrody? Zastanów się nad sytuacją uchwyconą na ryc. 226.

Odmienny krajobraz występuje w **Tatrach Zachodnich**. W tej części Tatr charakterystyczne są liczne skałki rozsiane po stokach i wierzchołkach gór (ryc. 229). Swoimi urozmaiconymi kształtami pobudzają wyobraźnię i są źródłem wielu legend tatrzańskich.

Ryc. 229. Wapienne skałki na stokach Ciemniaka w Tatrach Zachodnich

W Tatrach Zachodnich jeziora nie występują, natomiast cieszą oko malownicze doliny potoków. Dolina Kościeliska (ryc. 230) i Dolina Chochołowska należą do najpiękniejszych zakątków w Tatrach.

W zbudowanych z wapieni Tatrach Zachodnich występują liczne jaskinie. Najbardziej znana jest Jaskinia Mroźna w Dolinie Kościeliskiej.

Ryc. 230. Potok Kościeliski w dolinie Kościeliskiej

Naturalne skarby Tatr, jakimi są: urozmaicona rzeźba terenu, piękne krajobrazy, bogaty świat roślinności i zwierząt, ściągają licznych turystów. Dla ochrony tego krajobrazu utworzono tu w 1954 roku Tatrzański Park Narodowy, a kilka lat wcześniej po stronie słowackiej — Tatranský Národný Park.

Turyści i wczasowicze przyjeżdżają w Tatry zarówno latem — aby wędrować po górach, jak i zimą — aby wypoczywać i jeździć na nartach. Położone malowniczo w rozległej kotlinie **Zakopane** (ryc. 231) pełni **funkcje ośrodka turystycznego.** Liczne hotele i kwatery prywatne zapewniają bogatą **bazę noclegową.** Restauracje, bary szybkiej obsługi, zajazdy z góralskimi potrawami — to **baza gastronomiczna.**

Ryc. 231. Zakopane leży w kotlinie u podnóża Tatr. Widok z Gubałówki

W góry można się dostać specjalnymi kolejkami (ryc. 232 i 233) lub wytyczonymi szlakami turystycznymi. W zimie można skorzystać z wyciągów narciarskich i nartostrad. Można też na miejscu zamówić przewodników i skorzystać z biur informacji turystycznej. Miasto przygotowane jest do przyjęcia wielu turystów.

Ryc. 232. Kolejka linowo-terenowa na Gubałówkę wyrusza z Zakopanego

Ryc. 233. Kolejka linowa na Kasprowy Wierch wyrusza ze stacji w Kuźnicach

Zadanie 109. Porównaj krajobrazy Tatr Wysokich i Tatr Zachodnich.

Zadanie 110. Za pomocą mapy Polski w atlasie omów położenie Zakopanego w Polsce, w Karpatach i w Tatrach.

ZMIENNOŚĆ POGODY W TATRACH

Pogodę w górach cechuje wielka zmienność. Zupełnie niespodziewanie może zmienić się temperatura powietrza, niebo zasnuć się chmurami, spaść śnieg lub deszcz, rozszaleć się burza. Równie niespodziewanie może pojawić się tak gęsta mgła, że na parę kroków nic nie widać. Dlatego, gdy wychodzisz w góry, zawsze bądź przygotowany na załamanie pogody, miej ze sobą dodatkowo ciepły sweter i płaszcz przeciwdeszczowy.

Czasem pojawia się w Tatrach gwałtowny **wiatr,** zwany **halnym.** Wieje z południa, jest suchy i ciepły. Po przekroczeniu grzbietów spada z ogromną prędkością w dół ku kotlinom. Powoduje duże zniszczenia w lasach, kładąc pokotem drzewa na całych stokach, zrywa dachy z domów, wywołuje groźne lawiny, topi śniegi. Wywiera niekorzystny wpływ na samopoczucie ludzi, szczególnie nerwowych i chorych na serce.

Ryc. 234. Wznoszące prądy powietrza i odpowiedni wiatr oraz różnice wysokości sprzyjają lotom na paralotni

Ryc. 235. Chmury w dolinach

W różnych miejscach Tatr w tym samym czasie może być różna pogoda. Gdy doliny zasnuwa gęsta mgła, szczyty mogą być w słońcu (ryc. 235). Gdy na słonecznych stokach jest gorąco, na zacienionych może być zimno. Gdy w Zakopanem i w górach jest mróz, na południowym stoku Gubałówki można się opalać. Dlatego podczas pobytu w górach warto być ubranym warstwowo, tak aby w czasie wędrówki móc zdjąć lub włożyć odpowiednie rzeczy.

ROŚLINNOŚĆ I ZWIERZĘTA TATR

Klimat gór zmienia się wraz z wysokością. W wysokich górach lato jest krótsze, częściej występują opady. Temperatura powietrza obniża się średnio o 0,6°C na każde 100 m wysokości. Powoduje to znaczne zmiany w krajobrazie wraz ze wzrostem wysokości. Tylko w górach możemy zobaczyć tąk duże różnice w roślinności na tak niewielkim terenie (ryc. 236).

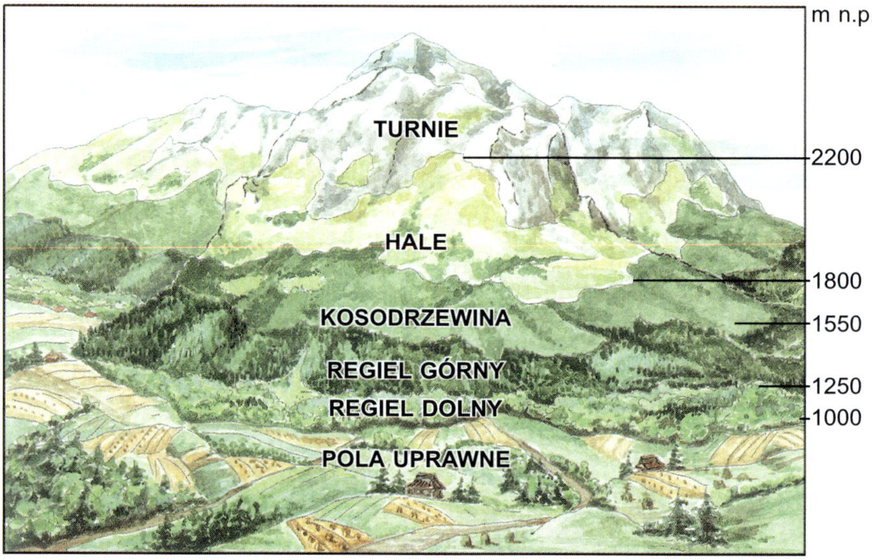

Ryc. 236. Piętra roślinności w Tatrach

Ryc. 237. Świstak (dł. ciała 50 – 60 cm)

Ryc. 238. Kozica (dł. ciała 110 – 140 cm)

Ryc. 239. Niedźwiedź (dł. ciała ok. 200 cm)

Zadanie 111. Jak zmienia się temperatura w górach wraz z wysokością?

Zadanie 112. Które rośliny rosnące w Tatrach występują również w Twojej miejscowości?

*Ryc. 240. Najwyższe piętro gór tworzą skaliste **turnie**. Są one prawie pozbawione roślinności, tylko w osłoniętych szczelinach skalnych można dostrzec niepozorne mchy i porosty*

*Ryc. 241. Niżej rozciągają się **hale**. Tu, na cienkiej warstwie gleby, rosną trawy i zioła. Latem na halach wypasa się owce. To tutaj najczęściej latem można spotkać **świstaka** (ryc. 237). Żyje on w koloniach, kopie nory na stokach gór, zapada w sen zimowy na około 5 – 7 miesięcy*

*Ryc. 242. Jeszcze niżej, na dość stromych stokach i kamienistych glebach, rośnie odporny na silne wiatry i niską temperaturę krzewiasty gatunek sosny – **kosodrzewina.** Latem na wysokich halach żerują **kozice** (ryc. 238). Trzymają się w niewielkich stadach. Zimą schodzą do górnej granicy lasów*

*Ryc. 243. Poniżej 1550 m n.p.m. pojawiają się **lasy szpilkowe**, tworzące tzw. regiel górny. W Tatrach w piętrze tym rośnie głównie świerk, z niewielką domieszką modrzewia i limby. Trudno dostępne gęstwiny górskich lasów zamieszkuje **niedźwiedź brunatny** (ryc. 239)*

*Ryc. 244. Poniżej lasów szpilkowych rosną **lasy mieszane**, nazywane w Tatrach reglem dolnym. Przeważają tu świerki i buki*

*Ryc. 245. Poniżej 1000 m n.p.m. lasy mieszane są w dużym stopniu zniszczone. W ich miejsce powstały **pola uprawne** i osiedla mieszkalne. Są to tereny w górach najbardziej przekształcone przez człowieka*

JAKI JEST LAS W TWOJEJ OKOLICY?

Lasy w Polsce występują nie tylko w górach. Pierwotnie prawie cały teren Polski był porośnięty lasami: przeważały **lasy mieszane,** najczęściej sosnowo-dębowo-świerkowe i sosnowo-bukowo-świerkowe. Zarówno wycinanie lasów, jak i sztuczne zalesianie szybko rosnącymi gatunkami drzew spowodowały zmiany w składzie gatunkowym naszych lasów. Obecnie przeważają **lasy iglaste** (ryc. 246) rosnące na słabych glebach piaszczystych. Głównymi gatunkami drzew w tych lasach są: sosna, świerk i modrzew.

Ryc. 246. Las iglasty (bór sosnowy)

Ryc. 247. Las mieszany

Lasów liściastych pozostało do dzisiaj w Polsce niewiele. W skład ich drzewostanu wchodzą najczęściej: buk, dąb, brzoza, klon, lipa, jawor, grab, na terenach podmokłych olcha, jesion, wierzba, topola. Lasy liściaste rosły głównie na żyznych glebach i dlatego od najdawniejszych czasów były wycinane dla uzyskania terenów pod uprawę roli.

Zadanie 113. Który typ lasu występuje w Twojej okolicy? Rozpoznaj rosnące w nim drzewa liściaste i iglaste.

WARUNKI ŻYCIA ORGANIZMÓW W LESIE

Czy zauważyłeś, że gorący letni dzień wolimy spędzić w lesie niż na polu? Choć oba środowiska są bardzo często obok siebie, to latem w lesie jest chłodniej i wilgotniej niż na polu. W miejscu zalesionym nasłonecznienie nie jest tak intensywne, jak na otwartej przestrzeni. Zimą natomiast w lesie jest cieplej i wiatr, który wieje na polu, tu nie jest tak odczuwany.

Dlaczego tak jest? Otóż pole jest terenem, na którym rosną rośliny o tej samej, zazwyczaj niewielkiej, wysokości. Nasłonecznienie tego terenu jest więc bardzo duże, co powoduje szybkie osuszanie gleby i wzrost temperatury. Wiejący wiatr nie napotyka żadnych przeszkód, dlatego jest taki silny. Natomiast las, dzięki obecności w nim wielu gatunków roślin o różnej wysokości, chroni przed silnym wiatrem, długo utrzymuje wilgoć w podłożu i powietrzu.

Ryc. 248. Mimo że las sąsiaduje z polem, w obu środowiskach panują odmienne warunki klimatyczne

Ryc. 249. Najwięcej światła otrzymują pnące się ku górze korony drzew. Najmniej światła dociera do runa leśnego

W lesie wyróżniamy cztery warstwy: korony drzew, podszyt, runo leśne oraz leżącą na glebie ściółkę.

Ryc. 250. Budowa warstwowa lasu

Zadanie 114. Wybierz się do najbliższego lasu. Rozpoznaj i zapisz rośliny oraz zwierzęta żyjące w poszczególnych warstwach lasach.

Ryc. 251. Najwyższa warstwa – to ***korony drzew****. Duża ilość światła jest im niezbędna do życia. Przebijają się zatem ku słońcu. Wysoko umieszczone korony powodują, że nasłonecznienie średniej warstwy – podszytu – oraz runa leśnego jest mniejsze*

Ryc. 252. Do ***podszytu*** *należą krzewy, takie jak: jałowiec, kalina, głóg, leszczyna, czeremcha, jarzębina, czarny bez, malina, jeżyna, oraz młode drzewa*

Ryc. 253. Paprocie, a także mchy, stanowią ***runo leśne.*** *Rosną tu także poziomki, czarne jagody, borówki. Do nich światła dochodzi bardzo mało, są roślinami cieniolubnymi. Wiosną, gdy drzewa nie mają liści i światło dociera do runa, można spotkać zawilce, przebiśniegi, przylaszczki, konwalie. Jest tu wyraźnie chłodniej i wilgotniej niż w innych warstwach, gdyż mchy mają zdolność zatrzymywania wody. Wśród mchów i wrzosów znaleźć można grzyby*

Ryc. 254. ***Ściółkę*** *tworzą suche opadłe liście, owoce i nasiona, gałązki oraz pióra, skrawki sierści i odchody zwierząt. Zarówno w ściółce, jak i w glebie występują znane Ci już organizmy glebowe. Tym organizmom do procesu rozkładu szczątków roślinnych i zwierzęcych światło nie jest potrzebne*

W poszczególnych warstwach lasu panują odmienne warunki klimatyczne. W koronach drzew hula wiatr, praży słońce, natomiast w runie jest cicho, chłodno i wilgotno.

Lasy są jednym z największych bogactw Polski. Dostarczają nam nie tylko drewna, grzybów i owoców, ale pełnią także inne ważne funkcje. Przede wszystkim są producentem tlenu, oczyszczają powietrze z pyłów i gazów, regulują poziom wód gruntowych, chronią glebę przed wymywaniem jej. Jednakże w wyniku działalności człowieka powierzchnia lasów została znacznie ograniczona, a skład gatunkowy lasów zmieniony.

Ryc. 255. Lasy w Polsce w X wieku (w obecnych granicach)

Ryc. 256. Lasy w Polsce w końcu XX wieku

Ryc. 257. Ginący las w Karkonoszach. W rejonach uprzemysłowionych lasy są systematycznie zatruwane przez gazy i pyły fabryk. To powoduje, że stają się mniej odporne na owady–szkodniki, grzyby i bakterie, które atakują drzewa. Zamierają więc całe obszary lasów, szczególnie górskich. Rosnące tam lasy iglaste są bardziej narażone na działanie trucizn niż liściaste. Grab, buk, czy dąb pozbywają się trucizn jesienią wraz z liśćmi, natomiast jodła, świerk, sosna nie zrzucają igieł co roku

Ryc. 258. Las po pożarze. Gorące, bezdeszczowe lata powodują tak wielką liczbę pożarów, że uznaje się je za klęskę ekologiczną. Zapobieganie pożarom i ich zwalczanie jest więc jednym ze sposobów ochrony środowiska człowieka

Ryc. 259. To, czy las będzie istniał, zależy również od Ciebie; od tego, w jaki sposób dziś się w nim zachowujesz, czy przestrzegasz przepisów przeciwpożarowych, czy nie zostawiasz w lesie śmieci

Pamiętaj, że to właśnie las wytwarza rocznie miliardy ton tlenu, który jest potrzebny do życia wszystkim istotom żywym.

Zadanie 115. W jaki sposób możesz wpłynąć na stan lasów w Twojej okolicy?

WPŁYW WARUNKÓW ŚRODOWISKA NA ORGANIZMY — PRZYSTOSOWANIA ROŚLIN I ZWIERZĄT

Oprócz wody i podłoża, wiatr, nasłonecznienie, temperatura — to czynniki środowiska mające duży wpływ na życie organizmów.

Rośliny narażone na działanie **wiatru** wyglądają inaczej niż rośliny osłonięte przed nimi. Na przykład drzewa rosnące wysoko w górach lub nad morzem, narażone na silne działanie wiatru, mają bardziej wykształcone gałęzie od strony, gdzie nie wieje wiatr.

Sadzone w górach świerki nie potrafią przeciwstawić się silnym wiatrom. Warstwa gleby na skałach jest cienka, co powoduje, że korzenie drzewa są płytko osadzone, a drzewo jest słabo przytwierdzone do podłoża. Są jednak rośliny, które — choć cienkie i giętkie — potrafią oprzeć się nawet trąbie powietrznej. Są to trawy i trzcina pospolita. Jej łodyga jest pusta w środku, co powoduje, że jest elastyczna i odporna na działanie wiatru.

Rys. 260. Drzewa, które nie mają wykształconych gałęzi od strony działania wiatru, noszą nazwę drzew sztandarowych

Ryc. 261. Las w górach zniszczony przez wiatr halny

Ryc. 262. Trawy są odporne na silne działanie wiatru

Wiele roślin wykorzystało wiatr do rozsiewania nasion i owoców zawierających nasiona, np. mniszek lekarski (mlecz), lipa, klon. W ten sposób nasiona mogą być przenoszone na duże odległości i zasiedlać nowe tereny.

Wygląd drzewa w bardzo dużym stopniu zależy od **nasłonecznienia**. Drzewo światłolubne, np. sosna, jeśli rośnie z dala od innych drzew, jest niższa niż sosna w lesie. Jest również rozłożysta, gdyż z jej pnia na różne strony wyrastają liczne konary. Natomiast sosna rosnąca wśród innych drzew jest wysoka. Pień ma prosty i wysmukły, zakończony koroną, a niżej pozbawiony gałęzi, gdyż obumierają one z powodu braku odpowiedniej ilości światła.

Organizmom roślinnym światło jest niezbędne do życia. Aby mieć jak najlepszy dostęp do niego, większość roślin lądowych wytworzyła sztywne łodygi, utrzymujące roślinę w pozycji pionowej. Te, które mają wiotkie łodygi owijają się wokół napotkanych podpór lub czepiają się ich, np. fasola, bluszcz.

Ryc. 263. Dzięki sztywnej łodydze słoneczniki utrzymują pozycję pionową

Ryc. 264. Bluszcz może wykorzystać drzewo, by uzyskać dostęp do światła

Liście każdej rośliny są tak ustawione, aby każdy z nich miał dostęp do światła. Takie ułożenie liści nazywamy mozaikowym.

Niektóre rośliny runa leśnego (zawilce) zakwitają wczesną wiosną, bo gdy nie ma jeszcze liści na drzewach i krzewach, dociera do nich światło.

Duży wpływ na życie organizmów ma **temperatura**. Rośliny, które nie są odporne na ujemne temperatury, mają krótki cykl życiowy.

Ryc. 265. ***Rośliny jednoroczne*** *powstają wiosną z nasion, jesienią wytwarzają nowe nasiona*

Rośliny wieloletnie (byliny), aby przetrwać niekorzystną porę roku, wytwarzają cebule, kłącza, bulwy.

Ryc. 266. Tulipan w cebulce magazynuje substancje zapasowe, które wiosną zostaną wykorzystane do rozwoju

W naszym klimacie większość drzew i krzewów zrzuca liście na zimę.

Zimą zwierzętom trudno jest zdobyć dostateczną ilość pokarmu. Niektóre zapadają w sen zimowy (niedźwiedzie, borsuki, jeże), ptaki odlatują do ciepłych krajów. Dotyczy to szczególnie zwierząt owadożernych, gdyż owady przez okres zimy pozostają w ukryciu w stanie odrętwienia.

Ryc. 267. Dzięcioł, który latem odżywia się przede wszystkim larwami korników, żyjącymi pod korą drzew, zimą je więcej nasion

Ryc. 268. Ziarnojady, takie jak wróble, mają wystarczającą ilość pokarmu, by przeżyć niekorzystny okres

Każdy organizm uzależniony jest od warunków, jakie panują w środowisku. Ale na środowisko oddziałują także zamieszkujące je rośliny i zwierzęta. Na przykład dzięki roślinom runa, a szczególnie mchom, które mają zdolność magazynowania wody, lasy zapobiegają powodziom na wiosnę, gdy gwałtownie topi się śnieg. Organizmy glebowe (np. dżdżownica ziemna) przyczyniają się do poprawy struktury gleby i jej żyzności. Lasy chronią glebę przed wymywaniem jej ze zboczy górskich.

Ryc. 269. Jeśli wytniemy drzewa na stoku wzgórza, to po pewnym czasie deszcz i wiatr spowodują zniknięcie warstwy gleby i pojawi się naga skała. Dopiero po wielu latach będą się na niej mogły osiedlić organizmy i zacznie tworzyć się warstwa gleby. Proces ten może trwać nawet kilkaset lat

Zadanie 116. Włóż do wody gałazkę zasuszonego mchu. Obejrzyj ją dokładnie po 20 minutach. Zapisz wniosek.

ZALEŻNOŚCI POKARMOWE MIĘDZY ORGANIZMAMI

Oprócz światła i wody roślinom do życia potrzebny jest dwutlenek węgla. Energię świetlną rośliny pobierają ze Słońca, wodę z gleby, a dwutlenek węgla z powietrza. Rośliny bowiem z wody i dwutlenku węgla w obecności światła słonecznego wytwarzają sobie pokarm. Produkują go, są więc **producentami**. Pokarm ten zużywają na budowę swojego ciała, wzrost i rozwój.

Czy zwierzęta też sobie same wytwarzają pokarm? Nie, one nie mają takich zdolności. Aby poruszać się, rosnąć, rozmnażać, zdobywają gotowy pokarm z otoczenia, zjadają rośliny lub inne zwierzęta. Mówimy, że organizmy zwierzęce jedzą, czyli konsumują pokarm, są więc **konsumentami**. Gdyby zginęły rośliny, zginęłyby zwierzęta (także i ludzie), gdyż same nie potrafią wytworzyć sobie pożywienia.

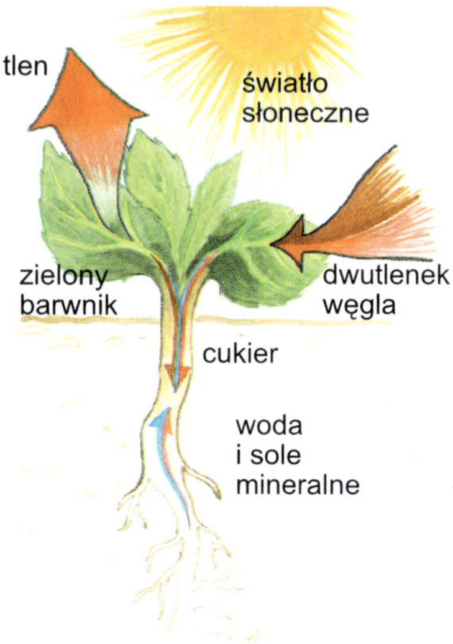

Ryc. 270. Rośliny wytwarzają pokarm w procesie zwanym fotosyntezą. W procesie tym powstaje również tlen, niezbędny do życia wszystkich istot żywych

Zwierzęta roślinożerne odżywiają się roślinami, czyli producentami, same zaś stają się łupem drapieżców. Mały drapieżnik jest zazwyczaj pożerany przez drugiego, silniejszego i zwykle większego mięsożercę.

Treść poprzednich zdań można zapisać w postaci schematu:

roślina ► **zwierzę roślinożerne** ► **zwierzę mięsożerne**

Przykłady łańcuchów pokarmowych

zboże ► mysz ► kot

kora dębu → kornik → dzięcioł

Między tymi organizmami istnieją ścisłe **zależności pokarmowe**. Na przykład: mysz, aby żyć, zjada ziarno zboża, kot, chcąc przeżyć, zjada mysz. Poszczególne organizmy są więc ze sobą bardzo ściśle związane na podobieństwo ogniw w łańcuchu. Rozumiesz więc, dlaczego zależności te nazwano **łańcuchami pokarmowymi.**

Dąb, kornik, dzięcioł, zamieszkują jedno środowisko — las. Te organizmy są ze sobą powiązane zależnościami pokarmowymi. Taki zespół organizmów, który występuje w danym środowisku i powiązany jest różnego rodzaju zależnościami, nazywamy **biocenozą**. Możemy mówić zatem o biocenozie lasu, pola, łąki.

Zadanie 117. Z podanych nazw organizmów ułóż 2 łańcuchy pokarmowe: mszyca, jaskółka, biedronka, kret, szczątki liści, dżdżownica.

ŚRODOWISKO WODNE

WODY POWIERZCHNIOWE. RZEKI

Wody powierzchniowe są ważnym składnikiem krajobrazu i środowiskiem życia wielu organizmów. Dzielimy je na oceany i morza z wodami słonymi oraz wody lądowe z wodami słodkimi. Wśród wód lądowych wyróżniamy **wody stojące** (jeziora) i **wody płynące** (potok, strumień, rzeka).

WODY POWIERZCHNIOWE
- **oceany i morza**
- **wody lądowe**
  - stojące
    - jezioro
  - płynące (cieki wodne)
    - potok
    - strumień
    - rzeka

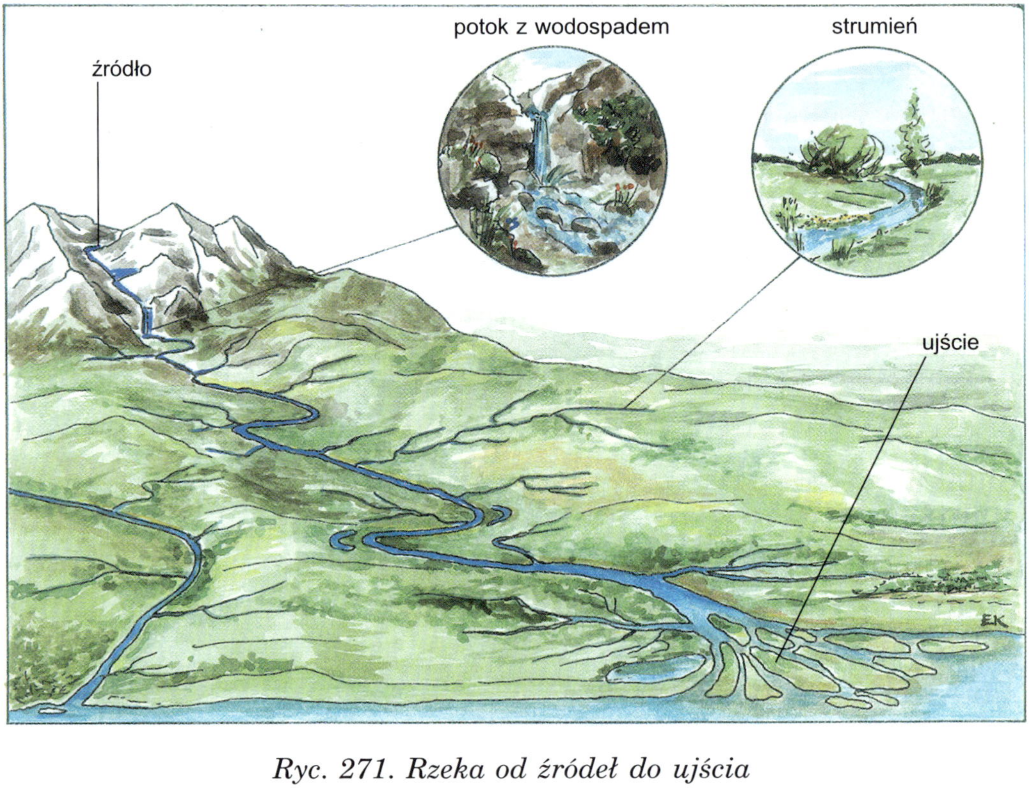

Ryc. 271. Rzeka od źródeł do ujścia

Rzeka – to duży, naturalny ciek wodny, spływający po powierzchni ziemi w wyraźnym korycie. Rzeka rozpoczyna się **źródłami,** czyli naturalnym wypływem wody na powierzchnię (ryc. 271). Spływające po pochyłościach strugi łączą się ze sobą i powstaje wyraźny ciek wodny. Na terenach równinnych woda płynie spokojnie, tworząc **strumienie.** W górach są **potoki** z wartko płynącą wodą w kamienistych korytach i **wodospadami** na progach skalnych. Potoki łączą się ze sobą i z ich wód powstają coraz większe rzeki. Ten odcinek rzeki nazywamy **biegiem górnym**. Podczas ulewnych deszczy lub w czasie topnienia śniegów koryta rzek w górnym biegu szybko wypełniają się wodą i jej nadmiar wylewa się z koryta. Podczas **powodzi** wzburzona, pędząca woda staje się bardzo groźna. Może rozmywać drogi, niszczyć mosty i domy zbudowane zbyt blisko rzeki.

Ryc. 272. Wisła w górnym biegu – 12 km od źródeł, w miejscowości Wisła. Odszukaj źródła Wisły na mapie w atlasie

Stopniowo rzeka przyjmuje dopływy, przybywa wody, koryto staje się głębsze i szersze (ryc. 273). Po terenie równinnym rzeka płynie wolniej, tworząc długie, łagodne łuki, zwane zakolami. W jej korycie powstają liczne mielizny. Tak wygląda rzeka w **środkowym biegu.** W dolinach rzek nizinnych rozwijało się rolnictwo na żyznych glebach osadzanych przez rzeki i powstawały osiedla. Były one niejednokrotnie niszczone podczas powodzi. Dla ochrony buduje się wzdłuż rzek **wały przeciwpowodziowe.** Innym sposobem ochrony jest budowa wchodzących w rzekę **ostróg,** odpychających główny nurt rzeki od brzegów na środek koryta. Jednak w przypadku bardzo wysokich stanów wody w rzece może dojść do **klęski żywiołowej**.

Ryc. 273. Wisła w środkowym biegu – 394 km od źródeł, w Zawichoście

W ostatnim odcinku rzeka jest najszersza i płynie najwolniej. Jest to **bieg dolny rzeki,** kończący się ujściem do morza (ryc. 274). Rzeka uchodząca do morza nazywana jest **rzeką główną.**

Ryc. 274. Ujście Wisły Przekop do Morza Bałtyckiego – zdjęcie wykonano z wysokości około 1500 m. Sztuczne ujście przekopano w 1895 r.

Ryc. 275. Największe rzeki w Polsce i ich dorzecza

Obszar, z którego wody powierzchniowe spływają do jednej rzeki, nazywamy **dorzeczem** tej rzeki (ryc. 275). Prawie cała Polska leży w dorzeczach dwu głównych rzek — dorzeczu Wisły i dorzeczu Odry. Rzeki na mapach są przedstawiane za pomocą krętych linii — najcieńszych przy źródłach i najgrubszych przy ujściach. Podpisuje się je wzdłuż biegu rzeki.

Zadanie 118. W pobliżu jakiej rzeki mieszkasz? Srawdź, czy jest ona zaznaczona na mapie w atlasie.

Zadanie 119. Sprawdź na ryc. 275, w dorzeczu której rzeki głównej leży Twoja miejscowość.

Zadanie 120. Dowiedz się, na których terenach Polski były w ostatnich latach powodzie.

JEZIORA

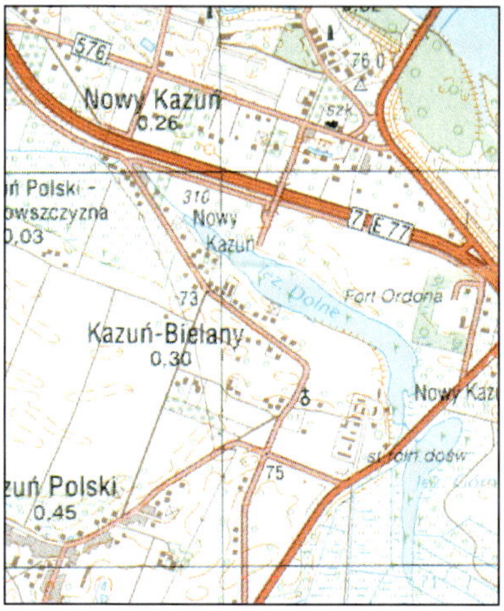

LEGENDA

- roślinność trawiasta
- teren podmokły z zaroślami trzciny i sitowia
- pojedyncze drzewa i kępy krzaków
- urwisko, skarpa

Skala 1:50 000
1 cm – 500 m

Ryc. 276. Jeziora w dolinie Wisły w okolicy Nowego Dworu Mazowieckiego

Ryc. 277. Jezioro Wigry w otoczeniu pięknych lasów

Jezioro jest naturalnym zbiornikiem wody stojącej. Z mapy topograficznej można odczytać dokładny kształt jeziora i jego wielkość, a czasem również głębokość. Można też dowiedzieć się, jak wyglądają brzegi jeziora i gdzie jezioro zarasta.

Jeziora na mapach oznaczane są kolorem niebieskim (ryc. 276). Również kolorem niebieskim wpisywane są ich nazwy, najczęściej umieszczane na znaku pokazującym położenie jeziora lub obok niego.

Jeziora powstają w zagłębieniach terenu (ryc. 277 i 278) i mogą się znacznie różnić powierzchnią oraz głębokością.

Tabela 6. Największe i najgłębsze jeziora w Polsce

Jeziora największe			**Jeziora najgłębsze**		
jezioro	powierzchnia w km^2	głębokość w m	jezioro	powierzchnia w km^2	głębokość w m
Śniardwy	**113,8**	23,4	Hańcza	3,1	**108,5**
Mamry	**104,4**	43,8	Wielki Staw	0,3	**79,3**
Łebsko	**71,4**	6,3	Czarny Staw	0,2	**76,6**

Ryc. 278. Jezioro Raduńskie na Pojezierzu Pomorskim. Odszukaj je na mapie Polski

Mniejsze lub większe jeziora możemy spotkać w całej Polsce. Występują one i w górach, i na nizinach, i nad morzem. Wszędzie stanowią atrakcyjną ozdobę krajobrazu.

Zadanie 121. W której części Polski jest najwięcej jezior?

Zadanie 122. Odszukaj na mapach w atlasie jeziora wymienione w tabeli.

Zadanie 123. Podaj nazwę jeziora znajdującego się najbliżej Twojej miejscowości.

ŻYCIE W ŚRODOWISKU WODNYM

Środowiska lądowe i wodne stwarzają organizmom odmienne warunki życia. Organizmy lądowe, jedne w mniejszym, drugie w większym stopniu, stoją przed problemem braku wody. Organizmy wodne na ogół takich problemów nie mają, gdyż cały czas wody mają pod dostatkiem. Środowiska lądowe, w których opady są regularne, mają dużą wilgotność powietrza. Tam, gdzie deszcz pada rzadko, wilgotność jest mała. **Można więc powiedzieć, że środowiska lądowe cechuje zmienna wilgotność, wodne zaś – stała.**

To samo dotyczy temperatury. W naszym klimacie zimą temperatura powietrza może wynosić –30°C, natomiast latem czasami przekracza 30°C. Są to bardzo duże wahania temperatury. W głębokich zbiornikach wodnych powierzchniowa warstwa wody zamarza zimą, ale pod lodem, przy dnie, temperatura wody nie spada poniżej 4°C. Latem temperatura wody nie przekracza 30°C. **Wahania temperatury w środowisku wodnym są dużo mniejsze niż w środowisku lądowym.**

a) **b)**

Ryc. 279. Wahania temperatury w środowisku wodnym i lądowym a) latem, b) zimą

Upalny dzień lubimy spędzać nad wodą. Od czasu do czasu, gdy jest nam gorąco, wchodzimy do wody, aby się ochłodzić. Czy takie samo odczucie chłodu mamy, kąpiąc się wieczorem, po zachodzie słońca? Nie, wtedy z przyjemnością wchodzimy do wody, bo jest ciepła. Jak to możliwe? Otóż **woda nagrzewa się wolniej niż powietrze, ale też wolniej oddaje ciepło.**

Ta właściwość wody również powoduje, że w środowisku wodnym są małe wahania temperatury.

W wodzie jest dużo mniej **tlenu** niż w powietrzu. W zimnej wodzie rozpuszcza się go więcej niż w ciepłej. W warstwie powierzchniowej, tam gdzie woda styka się z powietrzem, tlenu jest dużo. W głębszych warstwach jego ilość zależy od ilości roślin, które — jak wiesz — wytwarzają tlen (ryc. 270), oraz od ilości składników odżywczych. W tej warstwie wody, gdzie występują rośliny, tlenu jest dużo. Jego ilość zmniejsza się w warstwach, gdzie nie dochodzi światło słoneczne.

Człowiek zanieczyszcza zbiorniki wodne ściekami komunalnymi oraz nawozami mineralnymi spływającymi z pól. **Zanieczyszczenia** te zwiększają ilość składników pokarmowych, które potrzebne są glonom do wzrostu.

Szybki rozwój glonów prowadzi do utworzenia na powierzchni wody zielonego, czerwonego lub sinego „dywanu", który hamuje dostęp światła do głębiej rosnących roślin. Rośliny te giną. Są rozkładane przez bakterie wykorzystujące tlen rozpuszczony w wodzie. Kiedy zabraknie tlenu, giną żyjące tam zwierzęta, które odżywiają się między innymi glonami. Duże zagęszczenie glonów powoduje, że one również giną. Życie w wodzie zamiera.

Ryc. 280. Zanieczyszczenie zbiorników wodnych jest przyczyną wymierania organizmów wodnych

Ryc. 281. Rośliny do życia potrzebują światła, dlatego ich występowanie uzależnione jest od ***przejrzystości*** *wody*

Jeśli w zbiorniku wody jest dużo drobnych organizmów wodnych, to jest ona mniej przejrzysta. Zanieczyszczenia też zmniejszają jej przejrzystość.

Zadanie 124. Porównaj w tabeli warunki życia w wodzie i na lądzie. Uwzględnij: wilgotność, temperaturę, ilość tlenu i przejrzystość.

Ryc. 282. Rośliny wodne, zależnie od miejsca występowania, w różny sposób przystosowały się do życia w wodzie

Ryc. 283. *Pałka wodna*

Rośliny wynurzone, jak tatarak zwyczajny, pałka wodna, kosaciec i trzcina pospolita, wystawiają ponad wodę sztywne i wydłużone liście. Rośliny te mają dobrze rozwinięte kłącza, które gromadzą pokarm, wytworzony przez zielone liście, i umożliwiają przytwierdzenie się roślin do podłoża. Pusta łodyga trzciny zapewnia jej przeciwstawianie się falom i wiatrowi.

Ryc. 284. *Kosaciec*

Rośliny o liściach pływających — to grążel żółty, grzybień biały, rzęsa wodna, żabiściek pływający. Zazwyczaj wytwarzają one duże, okrągłe lub owalne liście, utrzymujące się na powierzchni wody. Łodygi tych roślin są długie i giętkie, co zabezpiecza je przed rozerwaniem przez prąd wody. Kwiaty u tych roślin są wyniesione na pędach ponad wodę lub pływają po niej. Są zapylane przez owady, a nasiona, które wypadają do wody, są przez nią roznoszone po całym zbiorniku wodnym.

Ryc. 285. *Grzybień biały*

Ryc. 286. *Grążel żółty*

Rośliny zanurzone, do których należą: wywłócznik okółkowy, rogatek sztywny, moczarka kanadyjska, rdestnica, bardzo często pozbawione są korzeni. Dlatego też składniki odżywcze rozpuszczone w wodzie pobierają całą powierzchnią ciała. Ich łodygi są giętkie, a liście małe lub podzielone na liczne, cienkie odcinki, dzięki czemu nie stawiają wodzie oporu.

Ryc. 287. *Wywłócznik okółkowy*

Ryc. 288. *Moczarka kanadyjska*

Zadanie 125. Wymień znane Ci rośliny wodne i podaj ich przystosowania do życia w wodzie.

ZWIERZĘTA W ŚRODOWISKU WODNYM — PRZYSTOSOWANIA

W środowisku wodnym występują zwierzęta, które przystosowały się do życia w wodzie (ryc. 291).

Te zwierzęta, które żyją stale w środowisku wodnym, pobierają tlen rozpuszczony w wodzie całą powierzchnią ciała (pijawki) lub przez skrzela (ryby, małże). Jedne z nich żyją na dnie, jak małże, raki, larwy owadów, np. chruścików, które z ziarenek piasku i drobnych szczątków budują sobie domek. Pijawki przyczepiają się do kamieni lub roślin, czekając na ofiarę. Na roślinach spotykamy również żerujące ślimaki: zatoczka czy błotniarkę stawową. Te ślimaki oddychają tlenem atmosferycznym, muszą więc co pewien czas podpływać do powierzchni wody.

W toni wodnej pływają owady, jak kałużnica, oraz larwy ważek i komarów. Tu też znajdziemy groźnego drapieżcę, jakim jest pływak żółtobrzeżek. Jego larwy atakują, a dorosłe owady napadają nawet na duże ryby. Szybko porusza się w wodzie, ponieważ jego tylne odnóża działają jak wiosła.

Łabędź, kaczki, żaba i bóbr mają błonę pławną między palcami, dzięki której sprawniej poruszają się w wodzie. Natomiast mały owadożerny ssak rzęsorek rzeczek świetnie pływa dzięki szczeciniastym włosom pływnym na powierzchni ogona i palców tylnych nóg, pełniących funkcję wioseł.

Ryc. 289. Łabędź

Ryc. 290. Kaczki

ZALEŻNOŚCI MIĘDZY ORGANIZMAMI W BIOCENOZIE JEZIORA

W środowisku wodnym, tak jak w lądowym, łańcuch pokarmowy rozpoczynają organizmy roślinne, czyli producenci.

Ryc. 289. Wody jeziora — to środowisko życia wielu roślin i zwierząt, które tworzą liczne łańcuchy pokarmowe; 1 – rzęsorek rzeczek, 2 – zatoczek rogowy, 3 – błotniarka stawowa, 4 – leszcz, 5 – pływak żółtobrzeżek, 6 – larwa owada (jętki), 7 – szczupak

Zwierzęta żywiące się roślinami (konsumenci roślinożerni) to między innymi: zatoczek, błotniarka, ukleja, kaczka. Natomiast pływak żółtobrzeżek, larwy owadów, wydra, szczupak, żaba — to drapieżcy.

Ryc. 292. Jeden z łańcuchów pokarmowych w jeziorze

Ryby zdobywają pokarm w różnych miejscach zbiornika wodnego i są do tego odpowiednio przystosowane.

Ryc. 293. Leszcz od drugiego roku życia odżywia się dennymi zwierzętami wodnymi. Ma znacznie wysklepiony, ciemny grzbiet, co powoduje, że trudno go dostrzec na tle dna

Ryc. 294. Szczupak ma biały brzuch i ciemne pasy na grzbiecie, do złudzenia przypominające cienie rzucane przez łodygi, między którymi się czai. Jest niewidoczny dla innych ryb. Szybki, mocny ruch ogona i zdobycz już w paszczy

Ryc. 295. Ukleję natomiast można zobaczyć, obserwując powierzchnię wody. Kryształki znajdujące się na jej łuskach nadają całemu ciału mieniący się, srebrzysty połysk. Żywi się planktonem, dlatego też jej otwór gębowy jest skierowany nieco skośnie ku górze

Aby przeżyć, nie być zjedzonym przez innych, zwierzęta mają odpowiednie ubarwienie.

Ryc. 296. Ubarwienie zwierząt stanowi ochronę przed drapieżnikami. Zielona żaba siedząca na liściu grążela jest niewidoczna dla drapieżnika

Zadanie 126. Podaj przystosowania ryb do zdobywania pokarmu.

Zadanie 127. Z organizmów na ryc. 291 ułóż 3 łańcuchy pokarmowe występujące w wodzie.

KRĄŻENIE MATERII W PRZYRODZIE

Jak już wiesz, rośliny pobierają światło, dwutlenek węgla oraz wodę z solami mineralnymi ze środowiska. Wytwarzają z tych substancji pokarm, który zużywają na wzrost i rozwój. Część roślin zostaje zjedzona przez zwierzęta, inne obumierają. Martwe rośliny i zwierzęta są rozkładane przez organizmy glebowe, przede wszystkim bakterie i grzyby. W ten sposób substancje pokarmowe wracają z powrotem do środowiska, skąd pobiorą je rośliny. Cykl życia, zwany **krążeniem materii**, zostaje zamknięty.

Ryc. 297. Krążenie materii

KRAINA WIELKICH JEZIOR

Wyjątkowo dużo wód powierzchniowych, szczególnie jezior, występuje w północnej części Polski, zwanej pojezierzami. Przeważają tu **tereny pagórkowate** z pojedynczymi wzgórzami o wysokościach bezwzględnych przekraczających nawet 300 m.

Ryc. 298. Pagórkowaty krajobraz okolic Gołdapi, w głębi – Szeskie Wzgórza

Szczególnym pięknem wyróżnia się wśród pojezierzy Kraina Wielkich Jezior Mazurskich. W zagłębieniach terenu między pagórkami rozsiane są tu liczne jeziora, nadające krainie niepowtarzalny urok.

Jedne jeziora są długie, wąskie i głębokie, tak jak jezioro Tałty o głębokości przekraczjącej 50 m. Inne są rozległe, płytsze, o płaskich brzegach, takie jak jezioro Mamry (ryc. 299) lub największe w Polsce jezioro **Śniardwy** o powierzchni 113,8 km^2. Jest ono tak wielkie, że przeciwny brzeg jest ledwo widoczny.

Nieznacznie zmieniony przez człowieka krajobraz i czyste powietrze przyciągają wielu wczasowiczów i amatorów sportów wodnych. Niektóre jeziora i niewielkie rzeki połączono kanałami i stworzono w ten sposób drogi wodne. Drogami tymi prowadzą **turystyczne szlaki wodne**, na których roi się od łodzi, kajaków i żaglówek. Po większych jeziorach pływają statki wycieczkowe. W zimie na zamarzniętych taflach jezior można spotkać bojery. Najbardziej znanymi ośrodkami turystycznymi Krainy Wielkich Jezior Mazurskich są: Węgorzewo, Giżycko, Mikołajki, Ruciane-Nida. W miejscowościach tych można też wypożyczyć łodzie, kajaki, rowery wodne oraz sprzęt do wędkowania.

Ryc. 299. Jezioro Mamry – jedno z największych jezior w Polsce

Ryc. 300. Jezioro we władaniu ptactwa wodnego

Kraina jezior jest pełna ptactwa wodnego: kaczek, łysek, perkozów, mew, łabędzi. Żyje tu wiele rzadkich gatunków ptaków, jak czapla siwa, bocian czarny, kormoran. Dla ochrony zespołów roślinnych i zwierzęcych utworzono tu wiele **rezerwatów przyrody.**

Bogactwem Mazur są również rozległe, pachnące żywicą lasy. W lasach mazurskich żyje dużo dzikiej zwierzyny: jeleni, saren, lisów, zajęcy, borsuków i wilków, a w rezerwatach można spotkać bobry. Ze względu na wyjątkowe walory przyrodnicze tego terenu utworzono tu **Mazurski Park Krajobrazowy.**

Zadanie 128. Dlaczego utworzono Mazurski Park Krajobrazowy?

Zadanie 129. W których porach roku Kraina Wielkich Jezior Mazurskich jest atrakcyjna turystycznie i jakie rodzaje turystyki są tu uprawiane?

MORZE BAŁTYCKIE I JEGO WYBRZEŻA

Wybrzeża Morza Bałtyckiego w Polsce mają różne krajobrazy. W jednych miejscach brzeg morza jest wysoki, stromy, a w innych prawie płaski. Najpiękniejsze są **wysokie brzegi**, opadające urwistymi ścianami wprost do morza (ryc. 303). Tę formę wybrzeża nazywamy **klifem**. Fale morskie podmywają tu stale brzeg. Podczas sztormu fale uderzające z dużą siłą w ląd mogą powodować obsunięcia dużych jego części. U podnóża klifu ciągnie się wąski pas lądu usiany głazami i żwirem.

Ryc. 301. Podcinanie brzegu przez fale sztormowe

Ryc. 302. Podcięty brzeg obsunął się

Ryc. 303. Wybrzeże strome. Proces niszczenia brzegu klifowego w Gdyni–Orłowie

Fale morskie unoszą rozdrobniony materiał skalny i odkładają go najczęściej w załamaniach linii brzegu. W takich miejscach powstaje **brzeg niski** – prawie płaski pas lądu pokryty drobnym piaskiem (ryc. 304). Wzdłuż niskiego brzegu morze jest płytkie. Taką formę wybrzeża nazywamy **wybrzeżem plażowym**.

Ryc. 304. Pogodny dzień nad morzem. Widok bezmiaru otwartego morza jest imponujący. Gdzieś daleko, granatowe czy stalowoszare, innym razem błękitne wody wydają się dotykać nieba. Powierzchnia wody lekko marszczy się i błyszczy w słońcu. Wybrzeże plażowe w Wolińskim Parku Narodowym

Ryc. 305. Wzburzone morze z falami rozbijającymi się o falochrony. Podczas ***sztormu****, morze huczy groźnie, a fale piętrzą się i pokrywają pianą. Na wysokim brzegu latarnia morska w Niechorzu*

8. WPŁYW CZŁOWIEKA NA PRZYRODĘ. OCHRONA PRZYRODY

JAK CZŁOWIEK WPŁYWA NA ŚRODOWISKO?

Życie organizmów jest nierozerwalnie związane ze środowiskiem, w którym przebywają. Każda istota żywa uzależniona jest od innych istot żywych, które stanowią jej pożywienie, a także od gleby, powietrza, wody i światła.

Od chwili pojawienia się na Ziemi, w ciągu długich lat historii, zmieniamy warunki życia w każdym środowisku.

Ryc. 306. Człowiek, z początku myśliwy, polował na zwierzęta, mieszkał w jaskini, zbierał jadalne rośliny i owoce

Co pewien czas zmieniał miejsce pobytu, przede wszystkim wówczas, gdy w najbliższej okolicy nie było co jeść.

Ryc. 307. Kiedy udomowił owcę, kozę, psa, zaczął się okres pasterski w jego życiu

Przemierzał olbrzymie przestrzenie wraz ze zwierzętami, pozostawiając po sobie pozbawioną roślinności ziemię.

Ryc. 308. Któregoś dnia stał się rolnikiem, zamieszkał w jednym miejscu i coraz to inny kawałek lasu wypalał pod uprawę

Wraz ze wzrostem liczby ludności, stosowaniem coraz to nowszych wynalazków technicznych, proces niszczenia przyrody był coraz szybszy. Dzisiaj jest ona bardzo zniszczona. Nie ma już prawie dawnej, naturalnej przyrody.

Powietrze zanieczyszczone jest gazami i pyłami pochodzącymi głównie z zakładów przemysłowych i samochodów. Zanieczyszczenia te powodują ograniczenie wzrostu roślin, choroby płuc, zmniejszenie obszarów leśnych. Zanieczyszczenie powietrza powoduje łańcuch niekorzystnych zmian innych elementów środowiska: gleby, wody, roślin i zwierząt.

Od czystości wody uzależnione jest życie roślin, zwierząt i nasze. Większość polskich rzek, w tym Odra i Wisła, jest skażona. Przyczyną tego są ścieki z fabryk i domów mieszkalnych, które nie oczyszczone trafiają do rzek i jezior. Podobnie dzieje się z nawozami sztucznymi, wypłukiwanymi z pól przez deszcze. W zatrutych wodach zamiera życie.

Morze Bałtyckie, otoczone ze wszystkich stron lądami, jest szczególnie narażone na zanieczyszczenia. Niosą je wody wpadających rzek. Rozwój miast nadmorskich i ruchu turystycznego powoduje wzrost zanieczyszczeń. Zagrożenie wód Bałtyku powiększa rozwój transportu morskiego, szczególnie przewozu ropy naftowej, która wycieka do wód. Rozlana ropa skleja pióra żyjących tam ptaków, które tracą zdolność do lotu i giną. Ponadto niszczy rośliny i zwierzęta zamieszkujące wody.

Niekorzystne zmiany zachodzą także w glebach i skałach. Wydobywanie bogactw mineralnych, węgla i rud metali, powoduje nie tylko szybkie zmniejszenie się ich zasobów, ale także zmiany w ukształtowaniu terenu. Osuszenie bagien i tworzenie na nich pastwisk niszczy siedlisko zamieszkujących je roślin i zwierząt. Wkrótce mogą one wyginąć.

Codziennie z naszych mieszkań usuwane są różne odpady. Przeważnie są to różnego rodzaju opakowania — puszki, butelki. Jeżeli wyrzucane są do miejsc w tym celu przeznaczonych, można niektóre powtórnie wykorzystać. Szkło, metal, plastik można stopić i wykorzystać do produkcji innych wyrobów. Ze starych książek, gazet można powtórnie wytworzyć papier.

Często jednak poza miastem spotyka się tzw. dzikie wysypiska śmieci. Na takim śmietniku znajdują się różne odpady, które zagrażają środowisku. Gdy pada deszcz, zanieczyszczenia przedostają się do gleby oraz wód, zatruwając je.

Ryc. 309. Z takiego wysypiska śmieci szkodliwe substancje przedostają się do gleby

Zadanie 130. Które z odpadów nadają się do powtórnego przerobienia?

JAK CHRONIMY PRZYRODĘ W REGIONIE I W POLSCE?

Człowiek przez wiele wieków wykorzystywał środowisko w sposób niekontrolowany. Nie zdawał sobie sprawy z konsekwencji, jakie wynikną z jego egoistycznej postawy wobec przyrody.

Człowiek, naginając przyrodę do swoich potrzeb, zapomniał, że sam jest jej cząstką i nie może żyć bez niej ani poza nią.

W czerwcu 1999 roku w Zamościu papież Jan Paweł II przypomniał, że „...nie wystarczy upatrywać przyczyny niszczenia świata jedynie w nadmiernym uprzemysłowieniu, bezkrytycznym stosowaniu w przemyśle i rolnictwie zdobyczy naukowych i technologicznych(...). Wydaje się, że to, co najbardziej zagraża stworzeniu i człowiekowi, to brak poszanowania dla praw natury i zanik poczucia wartości życia”.

Ryc. 310. „Piękno tej ziemi skłania mnie do wołania o jej zachowanie dla przyszłych pokoleń. Jeśli kochacie tę ojczystą ziemię, niech to wołanie nie pozostanie bez odpowiedzi!” – w tych słowach Papież zawarł przesłanie do nas wszystkich

Niszczeniu przyrody możemy zapobiec albo przynajmniej je ograniczyć.

1. Aby zmniejszyć zatrucie powietrza, należy stosować filtry zatrzymujące zanieczyszczenia.
2. Aby zmniejszyć zatrucie wód, należy budować oczyszczalnie ścieków oraz ograniczyć stosowanie nawozów sztucznych i chemicznych środków ochrony roślin.
3. Należy zwiększyć powierzchnię lasów, a ograniczyć zajmowanie terenów pod uprawy.

Aby zachować naturalne fragmenty przyrody dla przyszłych pokoleń, tworzone są parki narodowe (str. 137) i rezerwaty przyrody. W 1921 roku powstało w Białowieży nadleśnictwo „Rezerwat", przekształcone w 1932 roku w Park Narodowy.

Obecnie mamy w Polsce 22 parki narodowe.

Parki narodowe stanowią obszary o charakterze naturalnym lub zbliżonym do naturalnego. Tworzone są w celu zachowania wymierających gatunków roślin i zwierząt. Poza tym ochroną objęto mniejsze regiony ze względu na szczególnie piękne fragmenty lasów, łąk i jezior oraz występowanie interesujących składników środowiska należących do przyrody nieożywionej. Chronimy również krajobraz przez tworzenie **parków krajobrazowych** lub **obszarów chronionego krajobrazu**. Tereny te są użytkowane i mogą służyć jako tereny rekreacyjne.

W szczególnie uprzemysłowionych rejonach Polski, w których zanieczyszczenia powodują wzrost chorób oraz zwiększoną śmiertelność dzieci i dorosłych, ludzie zaczynają doceniać znaczenie czystego środowiska. Starają się miejsca **zdegradowane**, czyli zniszczone w wyniku swojej działalności, **zrekultywować** (odnowić), czyli przywrócić do stanu początkowego. Taki proces trwa jednak długo. Tylko niszczenie jest często bezmyślnym czynem jednego dnia.

Aby wyrósł nowy las na miejscu wyciętego, trzeba czekać co najmniej 60 lat.

Dzisiaj człowiek zamienia doły po żwirowniach, tzw. wyrobiska, na zbiorniki wodne, zalesia hałdy. W ten sposób tworzy tereny rekreacyjne, gdzie może odpocząć.

I Ty możesz przyczynić się do ochrony przyrody.
Pamiętaj!

1. **Nie zrywaj niepotrzebnie roślin.**
2. **Pamiętaj, że w lesie jesteś gościem! Zachowuj się cicho i nie pozostawiaj po sobie śmieci.**
3. **Nie wyrzucaj do wody pustych butelek, puszek itp.**

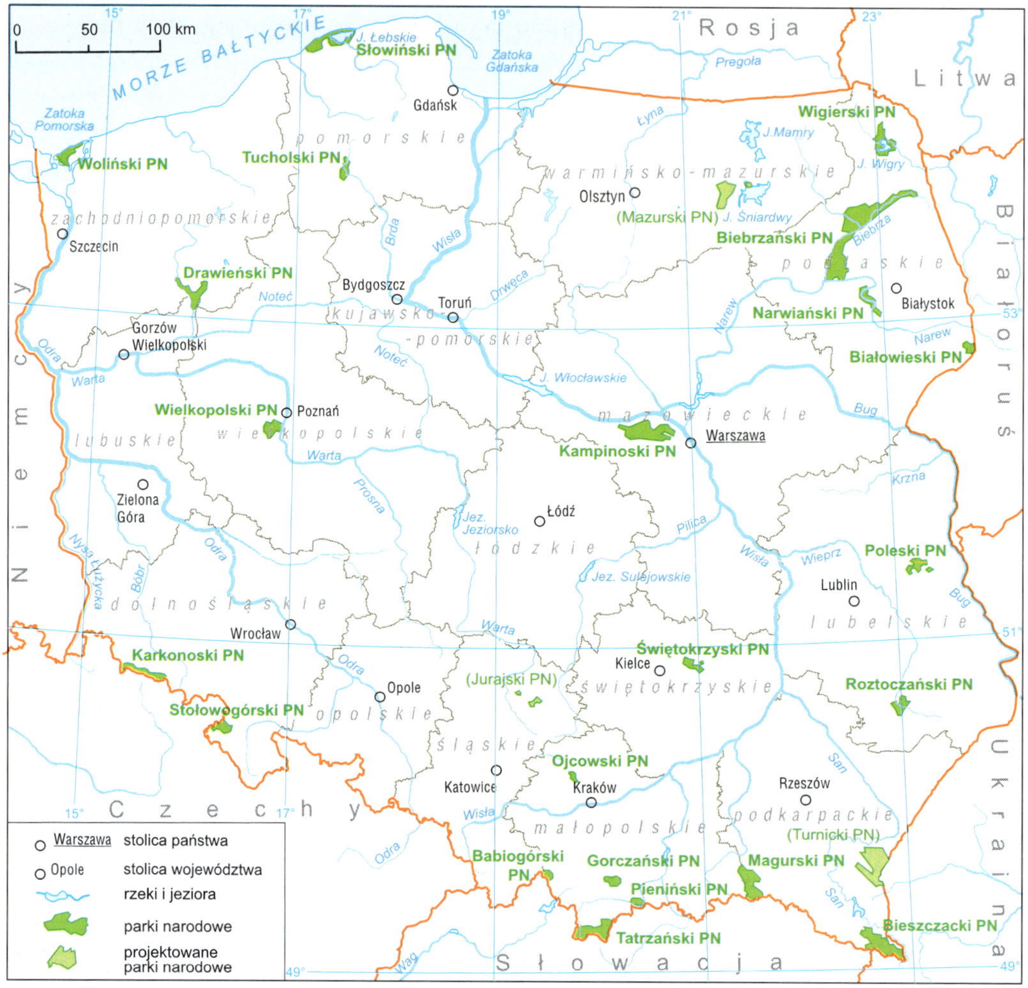

Ryc. 311. Parki narodowe w Polsce

Zadanie 131. Przeprowadź wywiad na temat: Jakie pomniki przyrody znajdują się w mojej najbliższej okolicy?

Zadania 132. Dowiedz się, jakie parki narodowe i krajobrazowe występują w Twoim regionie.

Zadanie 133. Dowiedz się, czy w Twojej okolicy są tereny rekreacyjne powstałe na terenach zrekultywowanych.

9. WAKACYJNE WĘDRÓWKI PO POLSCE

Kończysz naukę w szkole, zbliża się czas wakacyjnego wypoczynku. Możesz w wakacje pozostać w swojej miejscowości, a możesz wyjechać w inny region Polski (ryc. 312). Czy nad morzem, czy nizinach, czy w górach, wszędzie znajdziesz coś ciekawego do obejrzenia lub zwiedzenia. Polska jest bogata w skarby przyrody i kultury.

Ryc. 312. Krainy geograficzne Polski

Ryc. 313. Może będziesz wypoczywać na pięknych piaszczystych plażach. Plaża w Międzyzdrojach

Ryc. 314. Może zwiedzisz położony niedaleko od wybrzeża nad Nogatem potężny zamek krzyżacki w Malborku

Ryc. 315. Może spędzisz czas na żeglowaniu po pięknych jeziorach i kanałach. Może odbędziesz przejażdżkę Kanałem Elbląskim. Wtedy, nie wysiadając ze statku, pokonasz lądem, po pochylniach, różnice poziomów między jeziorami

Ryc. 316. Może zwiedzisz zespół klasztorny w Wigrach

Ryc. 317. Może zachwycą Cię potężne żubry z pradawnej puszczy, w której polował król Polski Władysław Jagiełło. Białowieski Park Narodowy

Ryc. 318. Możesz posłuchać koncertu w miejscu urodzin Fryderyka Chopina w Żelazowej Woli

Ryc. 319. Może obejrzysz odkrytą przez uczniów z Kielc przepiękną jaskinię „Raj”

Ryc. 320. Może pieszo z plecakiem przemierzysz „Szlak Orlich Gniazd” na Wyżynie Krakowsko-Częstochowskiej z tajemniczymi, owianymi legendami ruinami zamków. Ruiny zamku w Ogrodzieńcu

Ryc. 321. Może zdobędziesz najwyższy szczyt w Sudetach – Śnieżkę

Ryc. 322. Może popłyniesz z góralami Dunajcem i wejdziesz na Trzy Korony

Ryc. 323. Może trafisz do uroczej doliny Prądnika, w której grotach napotkasz ślady człowieka jaskiniowego

Ryc. 324. Może podczas wędrówek uda Ci się podpatrzeć życie dzikich zwierząt

Zadanie 134. Opisz najciekawsze miejsca w Twojej wsi lub mieście, które chciałbyś pokazać koledze z innej części Polski. Mogą to być: rzeka, jezioro, las, stary wiatrak, kuźnia, młyn, stara chata, kościół, kapliczka, pracownia haftu, wycinanek, pracownia ceramiczne, skansen, muzeum.